Wirtschaftspolitische Forschungsarbeiten
der Universität zu Köln

Wirtschaftspolitische Forschungsarbeiten der Universität zu Köln

Band 65

Wettbewerb im Schienenpersonenfernverkehr in Deutschland

von

Frederik Fischer

Herausgegeben von Dr. Steffen J. Roth

Tectum Verlag

In der Schriftenreihe „Wirtschaftspolitische Forschungsarbeiten" des Tectum Verlags erscheinen herausragende Forschungsarbeiten aus dem Umfeld der Universität zu Köln.
Herausgegeben wird die Reihe von Dr. Steffen J. Roth.

Frederik Fischer

Wettbewerb im Schienenpersonenfernverkehr in Deutschland

ISBN: 978-3-8288-4396-7
E-Book: 978-3-8288-7386-5

ISSN: 1867-7738

Printed in Germany

Besuchen Sie uns im Internet
www.tectum-verlag.de

Bibliografische Informationen der Deutschen Nationalbibliothek
Die Deutsche Nationalbibliothek verzeichnet diese Publikation in der Deutschen Nationalbibliografie; detaillierte bibliografische Angaben sind im Internet über http://dnb.ddb.de abrufbar.

Inhaltsverzeichnis

Tabellenverzeichnis

Abbildungsverzeichnis

Abkürzungsverzeichnis

Abs.	Absatz
AEG	Allgemeines Eisenbahnverkehrsgesetz
AEUV	Vertrag über die Arbeitsweise der Europäischen Union
AGV	Automotrice a grande vitesse: Hochgeschwindigkeitstriebzug des Schienenfahrzeugherstellers Alstom
Art.	Artikel
BGH	Bundesgerichtshof
BNetzA	Bundesnetzagentur für Elektrizität, Gas, Telekommunikation, Post und Eisenbahn
DB	Deutsche Bahn
DR	Deutsche Reichsbahn
EBA	Eisenbahnbundesamt
ECx	Arbeitstitel eines Fernzugsystems des Herstellers Patentes Talgo für die Deutsche Bahn AG
EEA	Europäische Eisenbahn Agentur
EG	Europäische Gemeinschaft
EnVR	Registerzeichen für Rechtsbeschwerden in energiewirtschaftsrechtlichen Verwaltungssachen
ERA	European Union Agency for Railways
ERegG	Eisenbahnregulierungsgesetz
EU	Europäische Union
EuGH	Europäischer Gerichtshof
EVU	Eisenbahnverkehrsunternehmen

EWG	Europäische Wirtschaftsgemeinschaft
GG	Grundgesetz
HVV	Hamburger Verkehrsverbund
IC	Intercity: Bezeichnung für eine Zuggattung
ICE	Intercity-Express: Bezeichnung für eine Zuggattung
ITF	integraler Taktfahrplan
MIV	motorisierter Individualverkehr
PBefG	Personenbeförderungsgesetz
Pkm	Personenkilometer
RegG	Regionalisierungsgesetz
RL	Richtlinie
SGV	Schienengüterverkehr
SPFV	Schienenpersonenfernverkehr
SPNV	Schienenpersonennahverkehr
uKZ	unmittelbare Kosten des Zugbetriebs

1. Einleitung

Seit seiner Liberalisierung im Jahr 1994 wird der deutsche Markt für Beförderungsleistungen im Schienenpersonenfernverkehr von nur einem Unternehmen, der DB Fernverkehr AG, dominiert. Wettbewerber konnten sich bisher nicht dauerhaft im Markt etablieren (Monopolkommission 2017, S. 9). Das Unternehmen erzielt seit Jahren Gewinne im dreistelligen Millionenbereich – zuletzt im Geschäftsjahr 2017 ein Ergebnis nach Steuern von 366 Mio. Euro (DB Fernverkehr AG 2018, S. 2).

Nach der ökonomischen Theorie sollten in einer Branche mit freiem Marktzugang langfristig keine Gewinne möglich sein, ohne dass neue Akteure in den Markt eintreten. Sind die Gewinne positiv, besteht ein Anreiz für neue Unternehmen auf dem Markt aktiv zu werden, um an diesen Gewinnen zu partizipieren (Varian und Buchegger 2007, S. 483). Die dominante Stellung der DB Fernverkehr AG ist vom Gesetzgeber nicht intendiert. Im Gegenteil, wirksamer Wettbewerb im Eisenbahnsektor ist ein wesentliches Regulierungsziel, das sogar explizit formuliert ist. (ERegG, S. 6).

Da keine gesetzlichen Wettbewerbsbeschränkungen bestehen, die DB Fernverkehr AG den Markt aber seit Jahren dominiert und gleichzeitig Gewinne erwirtschaftet, ist der oben genannten Theorie folgend davon auszugehen, dass der Markt nicht „frei" zugänglich ist. Hiervon leitet sich wie folgt die Hypothese dieser Masterarbeit ab: Es existieren Markteintrittshürden im SPFV-Markt, die Wettbewerb zwischen dem etablierten Unternehmen DB Fernverkehr AG und (potenziellen) Einsteigern verhindern. Ziel der Arbeit ist, diese Markteintrittshürden herauszuarbeiten und eine Grundlage für die Diskussion darüber zu präsentieren, wie die Hürden sinnvoll gesenkt werden könnten, um den Wettbewerb im Markt zu beleben.

Um die aktuelle Marktstruktur besser zu verstehen, wird im folgenden Kapitel die Entwicklung des Marktes seit der Liberalisierung im Jahr 1994 skizziert. In diesem Zusammenhang ist neben der deutschen auch die europäische Perspektive wichtig, da durch Organe der Europäischen Union entscheidende Änderungen der Marktstruktur angestoßen wurden. Kapitel drei beschäftigt sich mit der Frage nach einer sachgerechten Abgrenzung des relevanten Marktes, der auf die Existenz von Markteintrittshürden untersucht werden soll. Im vierten Kapitel wird der Begriff der Markteintrittshürde definiert und im Anschluss werden mögliche Hürden im SPFV-Markt genauer untersucht. Dazu zählen der bevorzugte Zugang zu notwendigen Inputfaktoren sowie versunkene Kosten in Verbindungen mit Faktoren, die die Unsicherheit über die langfristigen Marktbedingungen erhöhen. Aufbauend auf den als relevant eingestuften Markteintrittshürden werden im letzten Kapitel Maßnahmen genannt, wie diese Hürden gesenkt werden könnten.

2. Entwicklungsschritte des Marktes seit der Liberalisierung im Jahr 1994

2.1 Die europäische Ebene

Mit dem Erlass der EG Richtlinie 91/440 EWG „Zur Entwicklung der Eisenbahnunternehmen der Gemeinschaft" legte der Rat der Europäischen Union am 29. Juli 1991 den Grundstein für eine Liberalisierung des europäischen Schienenverkehrs (Monopolkommission 2007, S. 19). Bis Anfang der 90er Jahre waren die Schienenverkehrsmärkte in Europa durch Staatsunternehmen und Monopolstrukturen gekennzeichnet. Um nach dem Zweiten Weltkrieg nationale Eisenbahnstrukturen zu schützen, hatten die einzelnen Staaten den Marktzutritt stark reguliert. In der Folge konnte sich deshalb weder intramodaler Wettbewerb, d. h. Wettbewerb zwischen Eisenbahnverkehrsunternehmen (EVU), entwickeln, noch intermodale Konkurrenz, d. h. Wettbewerb zwischen den unterschiedlichen Verkehrsträgern wie zum Beispiel Flugzeug, Bus oder Eisenbahn, entstehen. Die Haltung der Staaten führte zur Abschottung der nationalen Eisenbahnmärkte. Staatsunternehmen dominierten den Heimatmarkt und boten ihre Dienstleistungen ausschließlich dort an. Technologische Entwicklungen wurden nahezu ausschließlich den nationalen Gegebenheiten angepasst und nicht an internationalen Anforderungen ausgerichtet. In der Konsequenz besteht bis heute eine andauernde Problematik in Bezug auf fehlende technische, betriebliche und organisatorische Harmonisierung (Interoperabilitätshemmnisse) der verschiedenen nationalen Schienennetze (Gantenbrink 2016, S. 25–26).

Der Liberalisierung des europäischen Schienenverkehrssektors lagen zwei wesentliche Ziele zugrunde: zum einen die schrittweise Öffnung der nationalen Schienenverkehrsmärkte, mit der Absicht, einen einheitlichen europäischen Binnenmarkt für Eisenbahnunternehmen zu schaffen; zum anderen die Erhöhung der Bedeutung des Schienenverkehrs im intermodalen Wettbewerb. Konkret wurden in der bereits genannten EG Richtlinie 91/440/EWG vier Forderungen gestellt. Erstens sollte Unabhängigkeit zwischen den Geschäftsführungen der Eisenbahnunternehmen und den staatlichen Organen der jeweiligen Mitgliedstaaten hergestellt werden. Zweitens sollten die Eisenbahninfrastruktur und die Verkehrsdienstleistungen auf der Schiene voneinander getrennt werden. Drittens sollten die zu diesem Zeitpunkt stark verschuldeten Staatsunternehmen saniert und viertens die nationalen Märkte in mehreren Schritten für dritte Anbieter geöffnet werden. Die Öffnung der Schienenverkehrsmärkte sollte schrittweise zuerst im Güterverkehr, anschließend im grenzüberschreitenden Verkehr und schließlich in einer kompletten Öffnung der nationalen Märkte vollzogen werden (Gantenbrink 2016, S. 28–29). Um diese Forderungen in den folgenden Jahren umzusetzen, wurden bisher vier sogenannte Eisenbahnpakete verabschiedet.

Das Erste Eisenbahnpaket, auch als Infrastrukturpaket bekannt, wurde im Jahr 2001 beschlossen und enthielt im Gegensatz zur Richtline 91/440/EWG konkrete Ziele: die Öffnung des gesamten europäischen Schienennetzes für den Schienengüterverkehr (SGV) bis zum März 2008, die Einrichtung einer vom Staat unabhängigen Regulierungsbehörde, um einen gerechten und diskriminierungsfreien Zugang zur Schieneninfrastruktur sicherzustellen[1], sowie erste Vorgaben, welche Grundsätze beim Zugang und der Bepreisung von Trassen beachtet werden sollten (Gantenbrink 2016, S. 30).

Das Zweite Eisenbahnpaket wurde im Jahr 2004 durch die EU-Kommission verabschiedet. Neben Rechtsvorschriften, insbesondere zur damals bevorstehenden Öffnung des SGV, wurden hier erste Schritte zur Harmonisierung technischer und sicherheitsrelevanter Standards konkretisiert. Die Harmonisierung sollte im Wesentlichen durch die Einrichtung einer Europäischen Eisenbahnagentur (EEA) vorangetrieben werden (Gantenbrink 2016, S. 32). Diese Agentur wurde im Jahr 2004 gegründet

1 Diese Aufgabe erfüllt in Deutschland seit 2006 die Bundesnetzagentur für Elektrizität, Gas, Telekommunikation, Post und Eisenbahn

und hat ihren Sitz im französischen Valenciennes. Sie wurde im Jahr 2016 in European Union Agency for Railways umbenannt.

Das Dritte Eisenbahnpaket wurde im September 2007 beschlossen. Es enthält konkrete Schritte zur stufenweisen Liberalisierung des Schienenpersonenfernverkehrs (SPFV) in der Europäischen Union. Mit der Richtlinie 2007/58/EG wurde die Öffnung des Marktes für grenzüberschreitende Personenverkehrsdienste ab dem 1. Januar 2010 festgelegt. Seit diesem Zeitpunkt besteht für Eisenbahnverkehrsunternehmen erstmals die Möglichkeit, eigenständig grenzüberschreitenden Personenverkehr anzubieten. Zuvor war eine grenzüberschreitende Beförderung nur durch sog. „internationale Gruppierungen“[2] möglich. Es ist wichtig zu betonen, dass die Richtlinie keine Liberalisierung der nationalen Schienenfernverkehre vorsieht. Sofern es keine abweichenden inländischen Regelungen gibt, ist es den ausländischen EVU nicht erlaubt, Passagiere ausschließlich auf nationalen Strecken zu befördern. Möglich ist lediglich die sog. Kabotage bei grenzüberschreitendem Verkehr. Kabotage bedeutet in diesem Zusammenhang, dass es dem ausländischen EVU auf seinem grenzüberschreitenden Weg erlaubt ist, Passagiere zwischen zwei Haltepunkten, die sich beide im Ausland befinden, zu befördern. Allerdings haben „die Mitgliedstaaten [...] die Möglichkeit, diese Beförderung beträchtlich einzuschränken, wenn ihrer Einschätzung nach das gesamtwirtschaftliche Gleichgewicht bestellter Verkehre[3] gefährdet ist oder die ausländischen EVU nicht im Wesentlichen die grenzüberschreitende Beförderung von Personen beabsichtigen“ (Gantenbrink 2016, S. 33–34). Diese Ausnahmeregelung zur Einschränkung der Kabotage wird zum Beispiel von Frankreich in vollem Umfang genutzt (Gantenbrink 2016, S. 43–44).

Im Jahr 2016 wurde das Vierte Eisenbahnpaket verabschiedet. Neben einer „technischen Säule“, die für eine weitere Harmonisierung der Stan-

2 Vgl. Art. 3 sowie Art. 10 Abs. 1 RL 91/440/EWG. Internationale Gruppierungen sind Zusammenschlüsse von mind. zwei Eisenbahnunternehmen mit Sitz in verschiedenen Mitgliedstaaten zum Zweck der grenzüberschreitenden Erbringungen von Verkehrsdienstleistungen zwischen diesen Staaten

3 Als bestellter Verkehr gilt Nahverkehr, der durch die öffentliche Hand zum Zweck der Daseinsvorsorge beauftragt wird

dards innerhalb des europäischen Binnenmarktes sorgen soll, besteht das Vierte Eisenbahnpaket außerdem aus drei weiteren Rechtsakten, die in ihrer Gesamtheit als „Marktsäule“ bezeichnet werden. Diese Marktsäule enthält unter anderem neue europarechtliche Vorgaben zur Unabhängigkeit des Infrastrukturbetreibers. In vielen europäischen Ländern ist der zentrale Infrastrukturbetreiber nach wie vor Teil eines vertikal organisierten Konzerns, der ebenfalls Eisenbahnverkehrsdienstleistungen anbietet. Unabhängigkeit durch eine rechtliche Eigenständigkeit ist deshalb von vornherein nur in den seltensten Fällen gegeben. Auch in Deutschland ist der wesentliche Anbieter von Infrastrukturdienstleistungen, die DB Netz AG, Teil eines vertikal integrierten Konzerns, da sie genauso wie die DB Fernverkehr AG eine einhundertprozentige Tochter der Deutschen Bahn AG ist (Monopolkommission 2017, S. 24). Die Monopolkommission weist in ihrem im Jahr 2017 erschienenen Sondergutachten zum Wettbewerb im Eisenbahnverkehr hinsichtlich des Vierten Eisenbahnpakets darauf hin, dass „die ursprünglichen Vorschläge der Europäischen Kommission [...] in Bezug auf die organisatorische Trennung vertikal integrierter Eisenbahnkonzerne ambitionierter [waren].“ Im Gesetzgebungsverfahren seien diese jedoch deutlich abgeschwächt worden (Monopolkommission 2017, S. 25). Daneben enthält die Marktsäule weitere Regelungen zur Öffnung des Schienenpersonenfernverkehrs in Europa. Ab dem 14. Dezember 2020 erhalten ausländische EVU im Personenverkehr das Recht auf Zugang zur Eisenbahninfrastruktur in allen Mitgliedstaaten. Allerdings gelten weiterhin Ausnahmen, sofern das Recht mit einem öffentlichen Dienstleistungsauftrag (bestellter Verkehr) in Konflikt steht (Monopolkommission 2017, S. 26).

2.2 Parallele Marktentwicklung in Deutschland

Im deutschen Einigungsvertrag von 1990 wurde festgelegt, die beiden Eisenbahnverkehrsunternehmen Deutsche Bahn (DB) und Deutsche Reichsbahn (DR) unter einheitliche Leitung zu stellen. Wie in der EG Richtlinie 91/440/EWG vorgesehen, sanierte der Staat die Finanzen des neu entstandenen Unternehmens, indem er die konsolidierten Schulden von 67,3 Mrd. DM bzw. 34,4 Mrd. Euro in Form eines Sondervermögens übernahm (Monopolkommission 2007, S. 17).

Am 1. Januar 1994 wurde die Deutsche Bahn AG gegründet, die heute fünf verschiedene Geschäftsfelder umfasst: Fernverkehr (DB Fernverkehr AG), deutscher Nahverkehr (DB Regio AG), europäischer Nahverkehr (Arriva PLC), weltweite Logistikdienstleistungen (DB Cargo AG, DB Schenker AG) sowie Schienennetzinfrastruktur (DB Netz AG, DB Station & Service AG, DB Energie GmbH) (Deutsche Bahn AG 2017a, S. 1). Gleichzeitig mit der Gründung der Deutschen Bahn AG trat das Allgemeine Eisenbahnverkehrsgesetz (AEG) in Kraft. Hier wurde festgelegt, bis dahin bestehende Marktzutrittsbeschränkungen aufzuheben und ausländischen EVU den diskriminierungsfreien Zugang zum Schienennetz zu gewähren. Den ausländischen EVU sollte ermöglicht werden, in allen drei Schienenverkehrsmärkten – dem Güterverkehr, dem Nahverkehr und dem Fernverkehr – tätig zu werden. Mit der kompletten Netzöffnung bereits im Jahr 1994 ging der Gesetzgeber in Deutschland weit über die Mindestanforderungen der EG Richtlinie 91/440/EWG hinaus, die zu diesem Zeitpunkt lediglich die Öffnung der inländischen Eisenbahnmärkte für „internationale Gruppierungen" von Eisenbahnunternehmen im Personenverkehr und Unternehmen im grenzüberschreitenden kombinierten Güterverkehr vorsah (Gantenbrink 2016, S. 40–41).[4] Vor diesem Hintergrund ist es umso bemerkenswerter, dass sich trotz Marktöffnung seit 25 Jahren neben dem etablierten Unternehmen DB Fernverkehr AG kein relevanter Wettbewerber im Schienenpersonenfernverkehr positionieren konnte.

Wie im Ersten Eisenbahnpaket gefordert, übertrug der Staat im Jahr 2006 einer unabhängigen Behörde, der Bundesnetzagentur (BNetzA), die Regulierung des Eisenbahnsektors, um einen diskriminierungsfreien Zugang zur Eisenbahninfrastruktur zu gewährleisten. Die Behörde kontrolliert die Eisenbahninfrastrukturanbieter, also zum Beispiel deren Entgeltregelungen oder den Modus der Trassenvergabe. Das Eisenbahnbundesamt (EBA) ist für die Fahrzeugzulassung, die Vergabe von Betriebslizenzen und die Erteilung von Sicherheitsbescheinigungen bzw. -genehmigungen für alle in Deutschland tätigen EVU zuständig. Das EBA bildet das nationale Pendant zur European Union Agency for Railways, die zukünftig Zertifizierungsprozesse auf europäischer Ebene übernehmen soll. Die DB Netz AG ist der wesentliche Infrastrukturbetreiber in Deutsch-

4 Vgl. dazu Kapitel 2.1 und insb. den Abs. zum Dritten Eisenbahnpaket

land und in dieser Funktion unter anderem für die Vergabe der Trassen und die Abrechnung der in Anspruch genommenen Netzkapazitäten zuständig (Gantenbrink 2016, S. 40–41). Eine weitere wesentliche Aufgabe ist die Durchführung von Maßnahmen zur Instandhaltung beziehungsweise der Neu- und Ausbau der Schieneninfrastruktur, die zu einem erheblichen Teil durch öffentliche Gelder finanziert werden (BNetzA 2017, S. 73–74). Die DB Netz AG ist, genauso wie die DB Fernverkehr AG, eine einhundertprozentige Tochter der Deutschen Bahn AG.

Die fehlende Unabhängigkeit des wesentlichen Infrastrukturbetreibers DB Netz AG wird regelmäßig durch Wettbewerber, die Monopolkommission und die Europäische Kommission beanstandet. Grund dafür ist die Zuordnung des Netzes zur DB AG, die Diskriminierungspotenzial schafft, zum Beispiel beim Infrastrukturzugang. Dies führte unter anderem dazu, dass die EU-Kommission Deutschland wegen der unzureichenden Umsetzung des Ersten Eisenbahnpaketes vor dem EuGH verklagte. Allerdings hat der EuGH am 28. Februar 2013 bestätigt, dass die Holdingstruktur nicht gegen geltendes Unionsrecht verstößt (Gantenbrink 2016, S. 41–42). Die Monopolkommission weist in ihren alle zwei Jahre veröffentlichten Sondergutachten zum Wettbewerb im Schienenverkehr indes immer wieder darauf hin, dass nach wie vor Anreize für die DB Netz AG bestehen, Eisenbahnverkehrsunternehmen, die nicht zum Konzern DB AG gehören, zu diskriminieren.[5] So wird als Beispiel genannt, dass dem Konzern Deutsche Bahn AG zunächst an einer Maximierung des Konzerngewinns gelegen sein sollte. Es sei daher nur folgerichtig, die Ergebnisse auf den Verkehrsmärkten zugunsten der eigenen Gesellschaften zu beeinflussen. Dieses Ziel sei allerdings nicht vereinbar mit einer effizienten Netzbewirtschaftung. Es bestünden deshalb Anreize, den Infrastrukturzugang so zu gestalten, dass die eigenen Verkehrsgesellschaften gegenüber den Wettbewerbern Vorteile erhielten (Monopolkommission 2015, S. 20). Zusätzlich führe die integrierte Struktur zu Fehlanreizen bei der effizienten Allokation von Investitionen in die Erneuerung und den Ausbau des Schienennetzes. Die DB Netz AG investiere vor allem dort, wo dies den konzerneigenen Verkehrsgesellschaften zugutekomme (Monopolkommission 2015, S. 24). In ihrem Son-

5 Vgl. dazu (Monopolkommission 2011, S. 101), (Monopolkommission 2015, S. 20), (Monopolkommission 2017, S. 26)

dergutachten betont die Monopolkommission deshalb erneut, dass selbst bei einer umfassenden organisatorischen Trennung weiterhin Diskriminierungspotenziale aufgrund der vertikal integrierten Struktur der Deutschen Bahn AG fortbestünden: „Die Monopolkommission hält daher an ihrer Empfehlung fest, die Infrastrukturunternehmen und die Verkehrsunternehmen der Deutschen Bahn AG eigentumsrechtlich zu trennen." (Monopolkommission 2017, S. 26). In Abschnitt 4.2 dieser Arbeit wird daher untersucht, ob die DB Fernverkehr AG durch die Zugehörigkeit zur Deutschen Bahn AG über einen exklusiven oder zumindest bevorzugten Zugang zu notwendigen Inputfaktoren verfügt, und deshalb weitere Unternehmen abgehalten werden, in den Markt einzutreten.

Wettbewerber der Verkehrsunternehmen der Deutschen Bahn AG sehen sich außerdem dadurch benachteiligt, dass das rote DB Logo sowohl von den größtenteils steuerfinanzierten Schieneninfrastrukturunternehmen des DB-Konzerns genutzt wird als auch von den gewinnorientierten Schwesterunternehmen. Das Logo sei zum Beispiel an Bahnhöfen omnipräsent und wirke so wie eine „Dauerwerbesendung für die ICE- und Intercity-Züge der DB Fernverkehr AG" (Schlesiger 2019a).

Ein weiterer Kritikpunkt entspringt der Rolle des Bundes als einhundertprozentigem Eigentümer der Deutschen Bahn AG. Als solcher hat er der Deutschen Bahn AG wiederholt Finanzzuschüsse in Form von erlassenen Dividenden oder direkten Mittelzuflüssen zukommen lassen (Öchsner 2016). Da mit den Zuschüssen keine Zweckbindung einherging, ist unklar, welche Konzernsparten von den Mitteln profitieren. Eine Mittelwidmung für die Infrastruktursparte wird unkritisch gesehen, da diese Sparte nicht im Wettbewerb mit privaten Unternehmen steht. Da durch das zusätzliche Kapital jedoch auch die Transportsparten der Deutschen Bahn AG profitieren, wird der Mittelzufluss als Eingriff des Bundes zulasten der anderen Marktteilnehmer im Schienenpersonen- und Güterverkehr angesehen. In diesen Märkten stehen die Konzerntöchter der Deutschen Bahn AG im Wettbewerb mit anderen privaten EVU (Mofair e. V. et al. 2017, S. 28). Auch aus Sicht der Monopolkommission besteht das Risiko, dass die Finanzzuschüsse vom Bund an die Deutsche Bahn AG als unerlaubte staatliche Beihilfe zu qualifizieren sind (Monopolkommission 2017, S. 27). In Abschnitt 4.4.2 der Arbeit wird deshalb untersucht, inwiefern diese Mittelzuflüsse als Markteintrittshürde im SPFV-Markt angesehen werden müssen.

3. Abgrenzung des relevanten Marktes

Die Analyse eines Marktes im Hinblick auf potenzielle Markteintrittshürden setzt eine möglichst genaue Definition des zu untersuchenden Marktes voraus. Dabei sind nach Knieps zwei Dimensionen zu unterscheiden: Erstens muss ermittelt werden, welche geografischen Gebiete zu berücksichtigen sind (räumliche Dimension). Zweitens gilt es herauszufinden, welche Produkte zusammengehören (Produktdimension) (Knieps 2008, S. 48). Eine geeignete Definition sollte grundsätzlich alle im Markt relevanten Produkte enthalten, die ein Unternehmen in seiner Entscheidungsfreiheit hinsichtlich der Preissetzung und angebotenen Qualitätsstandards beeinflussen (Knieps 2008, S. 49). Eine (zu) enge Definition des Marktes führt zu hohen Marktanteilen, vernachlässigt aber die Effekte von Wettbewerbsdruck außerhalb des Marktes. Umgekehrt berücksichtigt eine (zu) weite Marktdefinition auch den Wettbewerbsdruck, der für die Gewinnsituation der betrachteten Unternehmen keine Rolle spielt (Knieps 2008, S. 48). Es gilt den ökonomisch relevanten Markt zu definieren.

In den folgenden Unterkapiteln wird die intermodale Substitutionskonkurrenz zwischen dem Schienenpersonenfernverkehr und den Verkehrsmitteln Fernbus und Flugzeug in Deutschland untersucht. Auf die Substitutionsbeziehung zwischen motorisiertem Individualverkehr (MIV) und Schienenpersonenfernverkehr wird an dieser Stelle nicht eingegangen, da laut Monopolkommission die Substitutionslücken sowohl im Urlaubs-/Freizeitverkehr als auch im Geschäftsreiseverkehr zu groß sind. Es wird argumentiert, dass es sich hierbei um getrennte Märkte handelt (Monopolkommission 2007, S. 34–36). Zunächst erfolgt eine sachliche Abgrenzung zum Schienenpersonennahverkehr.

3.1 Marktabgrenzung zum Schienenpersonennahverkehr

Der Unterschied zwischen Personenfernverkehr und Personennahverkehr ist nicht eindeutig definiert. Der Begriff Personennahverkehr wird im Regionalisierungsgesetz unter § 2 mit Hilfe von Obergrenzen in Bezug auf Reisezeit und Reiseweite der Verbindung genauer bestimmt. Demnach handelt es sich um eine Nahverkehrsverbindung, „wenn in der Mehrzahl der Beförderungsfälle eines Verkehrsmittels die gesamte Reiseweite 50 Kilometer oder die gesamte Reisezeit eine Stunde nicht übersteigt“ (RegG, §2). Dementsprechend wären Verbindungen mit einer Reisezeit länger als einer Stunde oder einer Reiseweite länger als 50 Kilometer als Fernverkehr zu definieren.

Berücksichtigt man lediglich die Kriterien Reisezeit und -entfernung, ergibt sich im Schienenpersonenverkehr ein grundlegendes Abgrenzungsproblem. Denn es „existieren bereits heute zahlreiche Schienenverkehrsdienstleistungen, welche dem allgemeinen Verständnis nach zweifelsfrei unter dem Begriff des Nahverkehrs zu subsumieren sind, deren Charakteristika jedoch eine deutlich höhere mittlere Reiseweite nahelegen“ (FIS 2010). Laut Monopolkommission ist deshalb der gesetzlich intendierte Wettbewerbsansatz ein besser geeignetes Kriterium, um eine sachgerechte Abgrenzung zwischen Schienennah- und Schienenfernverkehr vorzunehmen. Leistungen im Schienenpersonennahverkehr werden öffentlich gefördert und in einem Vergabeprozess von den zuständigen Institutionen der Bundesländer bestellt. Eisenbahnverkehrsunternehmen, die Leistungen im Schienenpersonenfernverkehr anbieten, handeln dagegen auf eigenwirtschaftlicher Basis (Monopolkommission 2009, S. 44).

Im weiteren Verlauf der Arbeit wird Schienenpersonenfernverkehr also als Beförderungsleistung im Schienenpersonenverkehr, die eine Reiseentfernung von 50 km nicht unterschreitet, eine Reisezeit von 60 Minuten überschreitet und eigenwirtschaftlich betrieben wird, definiert.

3.2 Substitutionskonkurrenz zum Fernbus

Im Zuge der Erneuerung des Personenbeförderungsgesetzes (PBefG) wurden seit 1935 bestehende staatliche Marktzutrittsschranken für Fernbusverbindungen in Deutschland zum Jahresbeginn 2013 beseitigt (Monopolkommission 2015, S. 75). Wurden im Jahr vor der Liberalisierung im innerdeutschen Fernbuslinienverkehr rund 2,5 Mio. Fahrgäste befördert, erhöhte sich die Anzahl der beförderten Personen bis zum Jahr 2016 auf rund 24 Mio. Damit ist der Anteil des Fernbusses am deutschen Personenverkehr mit Bussen und Bahnen von unter 2 Prozent auf rund 15 Prozent angestiegen (Monopolkommission 2017, S. 77). Das Bundesministerium für Verkehr und digitale Infrastruktur geht in seiner aktu ellen Mittelfristprognose für den Güter- und Personenverkehr davon aus, dass sich der Markt mittlerweile in einem weitestgehend konsolidierten Ausbaustadium befindet und erwartet zukünftig eine Stagnation des Beförderungsaufkommens (BMVI 2017, S. 52). Für die Monopolkommission hängt die zukünftige Entwicklung des Fernbusmarktes eng mit dem Eintritt von weiteren Fernbusanbietern zusammen. Sie rechnet allerdings nicht damit, dass sich in absehbarer Zeit ein starker Wettbewerber neben dem Marktführer Flixmobility GmbH[6] etablieren kann (Monopolkommission 2017, S. 80).

Die Autoren der drei zuletzt veröffentlichten Sondergutachten der Monopolkommission halten fest, dass zum Zeitpunkt der Veröffentlichung „nur wenig belastbare wissenschaftliche Evidenz zum intermodalen Wettbewerb zwischen Fernbussen und dem Schienenpersonenverkehr" vorliegt (Monopolkommission 2015, S. 76), (Monopolkommission 2017, S. 83), (Monopolkommission 2019, S. 72–73). Als Grund hierfür wird die beschränkte Verfügbarkeit von Daten genannt. Nach eigener Recherche hat sich die Situation seit der Veröffentlichung des letzten Sondergutachtens nicht verändert.

Die Ergebnisse der vorhandenen Untersuchungen lassen sich wie folgt zusammenfassen: Beide Verkehrsmittel konkurrieren vor allem um jüngere, weniger zeitsensible, dafür aber preissensible Kunden (Monopolkommission 2015, S. 75–76), (Bundesamt für Güterverkehr 2018, S. 30). Im Vergleich bietet der Fernbus in der Regel zwar die günstigeren Preise, die Reisegeschwindigkeit mit der Bahn ist allerdings höher (Monopolkommission 2017, S. 85). Die negativen Effekte auf die Nachfrage im

6 Flixmobility ist am Fernbusmarkt mit der Marke Flixbus bekannt

Schienenpersonenfernverkehr sind im Randnetz[7] stärker ausgeprägt als im Hauptnetz (Böckers et al. 2015, S. 85–86). Es ist davon auszugehen, dass die Taktung der Fahrten im Randnetz der Bahn geringer und die Wartezeiten bei Umstiegen länger als im Hauptnetz sind. Da durch die neu entstandenen Fernbuslinien (wieder) mehr Städte direkt an das Fernverkehrsnetz in Deutschland angeschlossen wurden, könnte die Bahn gerade auf Strecken im Randnetz ihren komparativen Vorteil in Bezug auf die Reisegeschwindigkeit verloren haben (Monopolkommission 2017, S. 81). Aufgrund der Heterogenität der Präferenzen und der systembedingten Unterschiede zwischen den Verkehrsträgern Fernbus und Eisenbahn legen die Ergebnisse der Untersuchungen nahe, dass die Wettbewerbsintensität zwischen Fernbus und Bahn streckenspezifisch starke Unterschiede aufweist. Laut dem Sondergutachten der Monopolkommission aus dem Jahr 2017 besteht deshalb ein „nach Nutzergruppen und Relationen differenziertes intermodales Wettbewerbsverhältnis" (Monopolkommission 2017, S. 85)

3.3 Substitutionskonkurrenz zum Flugzeug

Im Jahr 2016 wurden 112 Mio. abfliegende Passagiere von den 25 größten Flughäfen in Deutschland gezählt. Davon flogen 23,8 Mio. Reisende zu Zielflughäfen innerhalb Deutschlands (Deutsches Zentrum für Luft- und Raumfahrt e.V. 2017, S. 15). Während immer mehr Menschen von Deutschland aus zu Zielen in Europa fliegen, ist die absolute Menge der Flugreisenden innerhalb Deutschlands konstant. Weil die Zahl der innerdeutschen Fernreisen insgesamt steigt, fiel deshalb von 2002 bis 2016 der Anteil der Passagiere auf innerdeutschen Flügen an der Gesamtmenge der Fernreisen von ca. 30 Prozent auf 21 Prozent (Deutsches Zentrum für Luft- und Raumfahrt e.V. 2017, S. 13).

Da die Netzbildungsfähigkeit des Flugverkehrs deutlich eingeschränkt ist, ergibt eine Analyse der Wettbewerbssituation zwischen dem Schienenpersonenfernverkehr und dem Flugverkehr nur zwischen Relationen Sinn, in denen Wettbewerb faktisch möglich ist. Der Vergleich muss

7 Hauptnetz: ICE Anbindung mind. Im 2h Takt. Randnetz: Restliche direkte und indirekte Verbindungen (Evangelinos et al. 2015, S. 72)

deshalb relationsspezifisch erfolgen (Eisenkopf et al. 2008, S. 63), (Monopolkommission 2007, S. 36). Zauner empfiehlt außerdem, den Markt anhand der Reiseentfernung in die Segmente 100–350 km und 350–700 km aufzuteilen (Zauner 2006, S. 84). Alle drei Studien sehen in Geschäftsreisenden die bedeutendste Nutzergruppe des Schienenpersonenfernverkehrs, für die eine Nutzung des Flugzeugs als Substitutionsalternative in Frage kommt (Monopolkommission 2007, S. 36). Das wird damit begründet, dass Geschäftsreisende in der Regel eine hohe Zeitsensibilität aufweisen, und sowohl die Bahn als auch das Flugzeug hier ihren relativen Vorteil zu anderen Verkehrsmitteln in Bezug auf Reisezeit und Komfort am besten ausspielen können (Zauner 2006, S. 81).

Im Vergleich der Reisegeschwindigkeiten hat das Flugzeug gegenüber der Bahn einen klaren Vorteil. Allerdings muss in Betracht gezogen werden, dass die An- und Abfahrt zum Flughafen, der Check-In-Prozess und die Sicherheitskontrollen am Flughafen zusätzlich Zeit in Anspruch nehmen, sodass der Vorteil unter Umständen insgesamt wieder aufgewogen wird. Da diese zusätzlichen Zeitkosten bei kurzen Entfernungen stärker ins Gewicht fallen, wird argumentiert, dass das Substitutionspotenzial durch den Luftverkehr auf Relationen mit einer Entfernung bis ca. 350 km stark beschränkt ist. Zudem würde im Vergleich zum Schienenpersonenfernverkehr das Angebot an Verbindungen im Flugverkehr pro Relation und Zeiteinheit in der Regel geringer ausfallen, was sich nachteilig auf die Flexibilität der Reisenden auswirkt (Eisenkopf et al. 2008, S. 63).

Auf längeren Distanzen spielen die Geschwindigkeitsvorteile des Flugzeugs dagegen eine zunehmend entscheidende Rolle. Auch unter Einbeziehung der zusätzlichen Zeitkosten bleibt die Gesamtreisezeit mit dem Flugzeug unter der Reisezeit mit der Eisenbahn. Im Sondergutachten der Monopolkommission sind mit längeren Distanzen Entfernungsbereiche von über 500 km beschrieben, Eisenkopf et al. nennen Entfernungen von über 600 km (Monopolkommission 2007, S. 37), (Eisenkopf et al. 2008, S. 64). Als Beispiel für einen Zeitvorteil des Flugzeugs wird von der Monopolkommission die Relation Berlin-München (640 km) angeführt. Gerade diese Verbindung eignet sich aber auch als Beispiel dafür, aus heutiger Sicht eine höhere Obergrenze für Reiseentfernungen anzusetzen. Durch die Eröffnung der Hochgeschwindigkeitsverbindung zwischen Berlin und München am 10. Dezember 2017 konnte die Fahrtzeit mit der Eisenbahn von gut sechs Stunden auf bis zu unter vier Stunden verkürzt werden (Wacket 2017). Ein Zeitnachteil der Eisenbahn im Vergleich zum Flugzeug muss damit auf innerdeutschen Strecken mit einer Entfernung von über 600 km nicht automatisch gegeben sein.

Es sind deshalb vor allem Relationen ab 350 km Reiseentfernung, auf denen eine Wettbewerbs- und Substitutionsbeziehung zwischen Flug- und Bahnverkehr gegeben ist, „weil hier Bahn und Flugzeug vergleichbare Bruttoreisezeiten anbieten und der Kunde eine Abwägung von Reisezeit, Reisekomfort und gegebenenfalls dem Preis vornehmen wird" (Monopolkommission 2007, S. 37). Im Sondergutachten der Monopolkommission werden exemplarisch die Relationen Berlin-Köln (540 km), Berlin-Düsseldorf (520 km), Hamburg-Köln (410 km), Düsseldorf-München (530 km) sowie Köln-München (490 km) genannt. Insgesamt gehen Eisenkopf et al. und die Monopolkommission allerdings davon aus, dass die Kapazitäten im Flugverkehr im Vergleich zur Bahn zu gering sind, als dass sich eine Substitutionskonkurrenz entwickeln könnte, die das Geschäftsmodell der Eisenbahnverkehrsunternehmen in Deutschland grundsätzlich beeinflusst. Sie kommen zu dem Schluss, dass lediglich auf einigen spezifischen Relationen eine bedeutsame Substitutionsbeziehung zwischen Luft- und Schienenpersonenfernverkehr anzunehmen ist (Monopolkommission 2007, S. 37), (Eisenkopf et al. 2008, S. 65).

3.4 Geografische Abgrenzung des Marktes

Die vorangegangenen Untersuchungen der Substitutionsbeziehungen zwischen Eisenbahn und Fernbus beziehungsweise Eisenbahn und Flugzeug zeigen, dass der deutsche Markt für Personenfernverkehr räumlich differenziert betrachtet werden muss. Es gibt Verbindungen mit starker intermodaler Konkurrenz zwischen den Verkehrsmitteln und Verbindungen, auf denen ein Verkehrsmittel über entscheidende Vorteile in Bezug auf Reiseeigenschaften wie Reisezeit oder Transportpreis verfügt, und deshalb die intermodale Konkurrenz gering ist. Das Beispiel München-Berlin zeigt außerdem, dass sich die intermodale Wettbewerbssituation im Zeitverlauf verändern kann.

Um die genaue Wettbewerbsintensität zwischen den Verkehrsmitteln zu bestimmen, wäre es sinnvoll, jede Verbindung, oder zumindest jeden geografischen Korridor, einzeln zu untersuchen. Diese Vorgehensweise wird in der Praxis etwa im Luftverkehrsmarkt angewandt (Motta 2004, S. 104). Andererseits weist Zauner in seinen Ausführungen auf die mangelnde Praktikabilität dieses Ansatzes der linienbezogenen, räumlichen Marktabgrenzung für den Personenfernverkehr innerhalb Deutschlands hin. Das Vorgehen würde zu einer „Atomisierung der Märkte" führen, was beispielsweise für die Fusionskontrolle untauglich wäre. Daher werde in der Praxis auf die Zusammenfassung von aus Nachfragersicht ähnlichen Leistungen zu einem gemeinsamen Markt zurückgegriffen (Zauner 2006, S. 41).

3.5 Zwischenfazit Marktdefinition: SPFV bildet eigenen Markt

Zusammen mit den Kriterien Reisezeit und Reiselänge kann mit Hilfe des gesetzlich intendierten Wettbewerbsansatzes eine trennscharfe Marktabgrenzung zwischen Schienenpersonennahverkehr und -fernverkehr vorgenommen werden. Eine klare Aussage zum Ausmaß der Substitutionskonkurrenz zwischen den Verkehrsträgern Eisenbahn, Fernbus und Flugzeug fällt dagegen schwerer. Zum einen muss die Wettbewerbssituation zwischen den Verkehrsträgern geografisch differenziert betrachtet werden. Zum anderen gliedern sich die Nachfrager innerdeutscher Fernverkehrsleistungen in Nutzergruppen mit unterschiedlichen Präferenzen, zum Beispiel im Hinblick auf Preis- oder Zeitsensibilität. Deshalb verschaffen die individuellen Charakteristika der Verkehrsmittel, wie etwa Reisegeschwindigkeit oder Transportpreis, Vorteile gegenüber der intermodalen Konkurrenz. Für den Schienenpersonenfernverkehr folgt, dass manche Verbindungen nicht nur aufgrund höherer Nachfrage, sondern auch wegen geringerer oder sogar fehlender Substitutionskonkurrenz finanziell attraktiver sind als andere Verbindungen. Das unterstreicht, wie wichtig ein diskriminierungsfreier Zugang zum Schienennetz für alle EVU ist. Da – wie bereits in Kapitel zwei beschrieben – für den wesentlichen Schienennetzbetreiber DB Netz AG Anreize bestehen, das Schwesterunternehmen DB Fernverkehr AG zu bevorzugen, könnte der Modus der Trassenvergabe eine wesentliche Markteintrittshürde darstellen und wird deshalb in Kapitel 4.2.1 untersucht.

Abseits der Thematik des diskriminierungsfreien Zugangs zum Schienennetz steht die DB Fernverkehr AG als etablierter Betreiber im deutschen Schienenpersonenfernverkehr genauso unter intermodalem Wettbewerbsdruck wie ihre (potenziellen) Herausforderer. Da sich für die Herausforderer im Vergleich zum etablierten Betreiber keine Nachteile ergeben, spielt intermodaler Wettbewerbsdruck höchstens eine untergeordnete Rolle als Markteintrittshürde.[8] Aus diesem Grund folgt diese Arbeit im weiteren Verlauf der Marktdefinition der Monopolkommission und der Bundesnetzagentur, die „den Bereich des Verkehrs auf den Eisenbahninfrastrukturen" (BNetzA 2017, S. 9) als eigenständigen Markt und den Schienenpersonenfernverkehr als abgegrenztes Segment in diesen Infrastrukturen definieren (Monopolkommission 2017, S. 8).

Nach Zahlen des Statistischen Bundesamtes ist die Verkehrsleistung im Schienenpersonenfernverkehr von 32,4 Mrd. Personenkilometern im Jahr 2004 auf 40,4 Mrd. Pkm im Jahr 2017 angewachsen.[9] Die Anzahl der beförderten Personen stieg im selben Zeitraum von 115,5 Mio. Personen auf 142,4 Mio. Fahrgäste an. Dies entspricht einem durchschnittlichen Wachstum von 2,3 Prozent pro Jahr bezogen auf die Verkehrsleistung, und 1,7 Prozent pro Jahr bezogen auf die Anzahl beförderter Personen (DESTATIS 2019).

Der mit Abstand größte Teil der Verkehrsleistung wird lediglich durch ein Unternehmen erbracht, die DB Fernverkehr AG. Die Monopolkommission geht in ihrem im Jahr 2017 erschienenen Sondergutachten davon aus, dass der Marktanteil der DB Fernverkehr AG am Verkehrsaufkommen zumindest seit 2006 konstant über 99 Prozent liegt (Monopolkommission 2017, S. 10).

Ein ähnliches Bild ergibt sich, wenn man die Anzahl der beförderten Personen im Schienenfernverkehr analysiert. Im Jahr 2004 transportierte die DB Fernverkehr AG 109,6 Mio. Fahrgäste, was im Verhältnis zur Ge-

8 Z.B. kann intermodale Substitutionskonkurrenz die Wirkung von Markteintrittshürden erhöhen, weil das Risiko steigt am Markt zu scheitern und gleichzeitig für den Markteintritt irreversible Anlaufinvestitionen nötig sind. S. dazu Kapitel 4.1.3

9 Für die Zeit vor 2004 liegen keine Daten vor

samtzahl des Statistischen Bundesamtes 94,9 Prozent der im Schienenfernverkehr insgesamt beförderten Personen entspricht (DB Fernverkehr AG 2005, S. 2). Im Jahr 2017 war das Unternehmen für die Beförderung von 99,3 Prozent aller Fernverkehrsreisenden auf der Schiene verantwortlich, was absolut 141,4 Mio. Passagieren gleichkommt (DB Fernverkehr AG 2018, S. 2). Damit nimmt die DB Fernverkehr AG seit über einem Jahrzehnt eine nahezu konkurrenzlose Position auf dem SPFV-Markt ein und konnte diese in den letzten Jahren noch weiter ausbauen.

Der Markteintritt des SPFV-Unternehmens Flixtrain im Jahr 2018 hat zu etwas Bewegung im Fernverkehrsmarkt geführt. Flixtrain gehört genauso wie die im Fernbusmarkt bereits etablierte Marke Flixbus zum Unternehmen Flixmobility GmbH. Seit Frühjahr 2018 werden unter anderem Streckenverbindungen zwischen Köln und Hamburg sowie zwischen Stuttgart und Berlin angeboten. Seit Juni 2019 ist die Streckenverbindung zwischen Köln und Berlin neu hinzugekommen. Im Gegensatz zu bisherigen Markteinsteigern stellt Flixmobility, genauso wie im Fernbusgeschäft bereits erfolgreich praktiziert, lediglich die Vertriebs- und Marketingplattform und beauftragt Dritte mit dem Betrieb des rollenden Materials. Zudem kümmert sich das Unternehmen um die Streckennetzplanung und die Anmeldung der Trassenkapazitäten (Monopolkommission 2019, S. 17).

4. Marktzutrittsschranken im SPFV-Markt

Um mögliche Zutrittsschranken für den vorgehend definierten Markt zu identifizieren, werden im Folgenden Konzepte vorgestellt, wie Zutrittsschranken definiert werden können. Im Anschluss wird geprüft, welche Sachverhalte im SPFV-Markt die Definition einer Marktzutrittsschranke erfüllen und somit eintrittsverhindernd wirken. Dazu zählt zum einen der exklusive oder bevorzugte Zugang des etablierten Unternehmens zu notwendigen Inputfaktoren, zum anderen eine Marktstruktur, die beim Eintritt hohe irreversible Kosten verursacht und gleichzeitig nur wenig Rückschlüsse auf die zukünftige Marktentwicklung zulässt.

4.1 Verschiedene Definitionen von Marktzutrittsschranken

Die wettbewerbsökonomische Theorie umfasst unterschiedliche Denkrichtungen, die entscheidend von den zugrunde liegenden Konzeptionen einer Marktzutrittsschranke geprägt wurden und sind. Zentral ist jeweils die Frage, welche Vorteile bereits auf dem Markt etablierte Unternehmen gegenüber Marktneulingen haben und welche Marktmacht damit einhergeht. Die Gruppe der Marktneulinge umfasst auch solche Unternehmen, die potenziell in den Markt eintreten würden, wenn sie gegenüber etablierten Unternehmen nicht benachteiligt wären (Knieps 2008, S. 15).[10] Die Beobachtung, dass in einem Markt keine Zutrittsversuche unternommen werden, lässt also keine direkten Rückschlüsse darauf zu, ob der Markt frei zugänglich ist oder nicht. Während Verfechter des Konzepts von Joe Bain und der damit verbundenen Denkschule

10 Das Wort Marktneulinge umfasst im Folgenden also auch immer potenzielle Marktneulinge

aus Harvard der Tendenz nach viele Umstände als Markteintrittshürden[11] oder Missbrauch von Marktmacht klassifizieren, gilt den Anhängern des Konzepts von George Stigler und der Chicagoer Denkschule kaum eine Situation als Markteintrittshürde (Harbord und Hoehn 1994, S. 412).

Im Hinblick auf die Regulierung von Marktzutrittsschranken bergen beide Ansätze Risiken: Eine zu enge Definition könnte es etablierten Unternehmen erlauben, ungestraft Marktzutrittsschranken aufzubauen, mit dem einzigen Ziel, das Wettbewerbsprinzip auszuhebeln und sich vor Konkurrenz durch Marktneulinge zu schützen. Andererseits könnte eine Regulierung, die sich auf eine zu weite Definition von Marktzutrittsschranken stützt, Unternehmen dafür bestrafen, sich einen Wettbewerbsvorteil gegenüber ihren Konkurrenten erarbeitet zu haben. Anreize für Unternehmen, ihre Produkte oder Dienstleistungen zu verbessern, würden dadurch untergraben.

4.1.1 Definition nach Bain

Nach Bain sind Marktzutrittsschranken daran zu erkennen, dass es den etablierten Unternehmen im Markt dauerhaft gelingt, ihre Preise oberhalb der langfristigen Durchschnittskosten zu setzen, ohne dass der Marktzutritt für neue Unternehmen profitabel ist. Bain definiert seine *condition of entry* wie folgt:

> "The extent to which, in the long run, established firms can elevate their selling prices above the minimal average costs of production and distribution (those costs associated with operation at optimal scales) without inducing potential entrants to enter the industry." (Bain 1968, S. 252)

Es gibt eine ganze Reihe möglicher Gründe, weshalb etablierte Unternehmen langfristig zu günstigeren Durchschnittskosten produzieren können als Marktneulinge. Denkbar sind in diesem Zusammenhang zum Beispiel Größenvorteile, Vorteile aufgrund von Produktdifferenzierung oder absolute Kostenvorteile. Alle diese Faktoren können nach der De-

11 Die Wörter Markteintrittshürde und Marktzutrittsschranke werden im Folgenden synonym verwendet

finition von Bain potenzielle Marktzutrittsschranken für Marktneulinge darstellen (Knieps 2008, S. 15).

Die Definition von Bain wird dafür kritisiert, dass ihre Konsequenzen selbst Teil der Definition sind. Für Bain sind Marktzutrittsschranken dadurch charakterisiert, dass langfristig Gewinne erzielt werden können, ohne dass ein Marktzutritt erfolgt. Wenn etablierte Unternehmen ihre Preise langfristig über den Durchschnittskosten setzen können, handelt es sich aber viel eher um eine Folge des beschränkten Marktzutritts als um ein charakterisierendes Merkmal einer Markteintrittshürde. Insofern ist die Aussage Bains nach logischen Gesichtspunkten immer wahr und somit tautologisch (McAffee et al. 2004, S. 462). Zudem kann durch eine statistische Auswertung des Zusammenhangs zwischen Marktzutrittsschranken und Gewinnen zwar die Höhe der Zutrittsschranke gemessen werden, aber der Definition fehlt eine mikroökonomische Analyse, warum der Marktzutritt so schwierig ist. Sie hilft also nicht bei der Frage, auf welchen Ursachen der Vorteil eines etablierten Unternehmens gegenüber einem Marktneuling beruht (Knieps 2008, S. 15). Da es aber im weiteren Verlauf genau darum geht, potenzielle Markteintrittshürden im Schienenpersonenfernverkehr zu erkennen, ist Bains Definition von Markteintrittshürden für das Ziel dieser Arbeit ungeeignet.

4.1.2 Definition nach Stigler

Die Definition von Stigler beruht im Wesentlichen auf dem Vergleich der Kosten zwischen einem am Markt etablierten Unternehmen und einem Marktneuling. Ausgehend von dieser Überlegung definiert Stigler eine Marktzutrittsschranke wie folgt:

> "A barrier to entry may be defined as a cost of producing (at some or every rate of output) which must be borne by a firm which seeks to enter an industry but is not borne by firms already in the industry." (Stigler 1968, S. 67)

Bei Stiglers Definition sind unterschiedliche Kosten zwischen einem etablierten Unternehmen und einem Marktneuling das entscheidende Merkmal einer Markteintrittshürde. Solange die erforderlichen Produktionsfaktoren zu gleichen Bedingungen sowohl für die aktiven als auch für die potenziellen Marktteilnehmer zur Verfügung stehen, kann aus ihnen keine Marktzutrittsschranke abgeleitet werden. Der Unterschied zwischen den Definitionen von Bain und Stigler lässt sich am Beispiel der Größenvorteile verdeutlichen. Nach Stigler handelt es sich hierbei nicht um eine Marktzutrittsschranke, wenn der Marktneuling Zugang zur selben Kostenfunktion wie ein etabliertes Unternehmen hat. Die Kostenfunktion wäre in diesem Fall nur von Faktoren abhängig, die für alle Unternehmen gleich sind. Für Bains Definition wäre relevant, ob das etablierte Unternehmen langfristig Gewinne erwirtschaftet. In diesem Fall würden Größenvorteile als Marktzutrittsschranke angesehen, unabhängig davon, ob beide Unternehmen zu gleichen Bedingungen Zugang zu den Inputfaktoren haben (Knieps 2008, S. 18). McAffee et al. weisen darauf hin, dass die Definition von Stigler deutlich enger ist als die von Bain. Alle durch die Definition von Stigler identifizierten Marktzutrittsschranken sind ebenfalls Zutrittsschranken gemäß Bain. Andersherum gilt dieser Zusammenhang nicht. Einige Faktoren, die nach der Definition von Bain Markteintrittshürden darstellen, wären nach Stigler nicht als solche zu bezeichnen (McAffee et al. 2004, S. 462).

4.1.3 Potenzielle Marktzutrittsschranken im SPFV-Markt

Im Gegensatz zur Definition von Bain liefert die Definition von Stigler mit der Kostenasymmetrie zwischen etabliertem Unternehmen und Marktneuling ein Merkmal, das als Identifikationskriterium für Markteintrittshürden im SPFV-Markt herangezogen werden kann. Welche Sachverhalte kommen nun als potenzielle Marktzutrittsschranken in Betracht?

Für Knieps gibt Stigler auf diese Frage keine direkte Antwort; es würde als zentrale Ursache für Marktzutrittsschranken nach Stiglers Definition aber nur die Kontrolle notwendiger Inputfaktoren verbleiben (Knieps 2008, S. 18). Indem das etablierte Unternehmen den Zugang zu notwendigen Produktionsfaktoren für Einsteiger erschwert oder sogar unmöglich macht, treibt es die Kosten der Marktneulinge in die Höhe und verhindert so den Eintritt neuer Unternehmen. Beispiele hierfür sind der exklusive Zugang zu notwendiger Infrastruktur oder zu Rohstoffen, die für die Produktion unabdingbar sind.

Nach McAffee et al. entsteht durch die Präsensform „is“ in Stiglers Definition Interpretationsspielraum, sodass eine weitere, mögliche Marktzutrittsschranke infrage kommt. Die Autoren legen die Definition so aus, dass Markteintrittskosten selbst dann eine Eintrittshürde darstellen, wenn ein etabliertes Unternehmen die Kosten in der Vergangenheit genauso getragen hat, wie sie nun für einen potenziellen Neuling anfielen. Wesentlich ist nach dieser Interpretation, dass der Marktneuling zu einem späteren Zeitpunkt in den Markt eintritt und der Eintritt mit Kosten verbunden ist, die das etablierte Unternehmen bereits gezahlt hat – denn so entsteht im Moment des Eintritts eine Kostenasymmetrie (McAffee et al. 2004, S. 462). Damit lenken sie die Aufmerksamkeit auf den gegenwärtigen Kapitalaufwand beim Markteintritt und mögliche Kostenunterschiede, die sich zwischen Neuling und etabliertem Unternehmen ergeben. In der Regel hat sich letzteres seine Position am Markt erarbeitet, indem es zu Beginn die Markteintrittskosten aufgewendet und sich so den Markt erschlossen hat. Manche dieser Anlaufinvestitionen sind marktspezifisch und wären bei einem Marktaustritt unwiederbringlich verloren. In diesem Fall spricht man von versunkenen Kosten. Weil versunkene Kosten entstehen, unabhängig von der Höhe des Outputs, sind sie kein Bestandteil der variablen Kosten, sondern zählen zu den Fixkosten. Ein Beispiel für versunkene Kosten ist eine maßgeschneiderte Maschine, die einen Wiederverkaufswert von Null hat. Wenn sich das Unternehmen dazu entscheidet seine Aktivitäten auf dem Markt einzustellen, sind die Ausgaben für die Maschine verloren (Varian und Buchegger 2007, S. 430).

Irreversible oder versunkene Kosten sind für ein etabliertes Unternehmen im Markt nicht mehr entscheidungsrelevant, für den potenziellen Einsteiger allerdings schon. Der Marktneuling steht vor der Entscheidung, ob er die unwiederbringlichen Kosten[12] in einen Markt einsetzen soll, oder nicht. Angenommen, C_0 sind die Ex-ante-Kosten vor Markteintritt, um eine Anlage zu bauen, und C_1 ist der Ex-post-Wert der Anlage nach Markteintritt und Kauf der Anlage. Dann repräsentieren $k = C_0 - C_1$ die irreversiblen Kosten zum entscheidungsrelevanten Zeitpunkt. Ein etabliertes Unternehmen, das die irreversiblen Kosten bereits getätigt hat, hat gegenwärtig die Kostenfunktion $C_1 = C_0 - k$. Potenzielle Markt-

12 Kosten hier im Sinne von gebundenem Kapital

neulinge haben dagegen Ex-ante-Kosten $C_1 = C_0$. Die Kostenfunktion der Markteinsteiger wird immer höher sein, wenn beim Markteintritt irreversible Kosten entstehen ($k > 0$) (Knieps 2008, S. 32).

Daraus ergibt sich in der kurzen Frist die durch Stiglers Definition geforderte Kostenasymmetrie zwischen einem etablierten Unternehmen und potenziellen Einsteigern, langfristig gibt es per Definition keine Fixkosten und damit auch keine versunkenen Kosten (Varian und Buchegger 2007, S. 430). McAffee et al. betonen, dass versunkene Kosten an sich keine Marktzutrittsschranke darstellen. Sie erhöhen aber das Risiko, negative Gewinne zu erzielen, wenn der Einsteiger den Markt kurzfristig wieder verlassen möchte. Das Gewinnpotenzial eines Marktes kann in diesem Fall also nicht durch Ein- und schnellen Austritt getestet werden. Wenn ein Markt durch hohe versunkene Kosten charakterisiert ist, muss sich ein Marktneuling langfristig engagieren, um den kurzfristigen Nachteil auszugleichen. Potenzielle Einsteiger werden deshalb bei ihrer Einstiegsentscheidung besonders viel Wert auf ein langfristig stabiles und planbares Marktumfeld legen. Ist die Marktentwicklung von großer Unsicherheit geprägt, können versunkene Kosten demnach stark ins Gewicht fallen. Beide Faktoren ergänzen und verstärken sich daher gegenseitig und bilden so eine Marktzutrittsschranke. Die Autoren bezeichnen versunkene Kosten und Unsicherheit deshalb auch als „ergänzende Marktzutrittsschranken“[13] (McAffee et al. 2004, S. 465). Natürlich wird die zukünftige Entwicklung eines Marktes niemals perfekt vorhersehbar und ein Markteintritt immer mit Geschäftsrisiken verbunden sein. Auch lässt sich keine feste Grenze definieren, ab der man pauschal von einem „hohen“ Anteil versunkener Kosten sprechen kann. Allgemeiner formuliert lässt sich jedoch festhalten, dass in einem Markt, für den die zukünftigen Marktbedingungen nur schwer zu prognostizieren sind, der aber keine irreversiblen Investitionen beim Eintritt voraussetzt, Unsicherheit keine Markteintrittshürde darstellt. Genauso gilt, dass in einem Markt, für dessen Zugang hohe irreversible Einstiegskosten notwendig sind, der aber zukünftig eine relativ stabile Marktlage verspricht, versunkene Kosten keine Markteintrittshürde darstellen. Treten beide Faktoren in ausreichendem Maß *gemeinsam* auf, wirken sie komplementär zu-

13 Im Original: “Ancillary antitrust entry barriers”

einander und erzielen so die Wirkung einer Zutrittsschranke (McAffee et al. 2004, S. 465).

Im deutschen SPFV-Markt ergibt sich die Besonderheit, dass das etablierte Unternehmen im Markt aus einem Staatskonzern hervorgegangen ist (s. Kapitel 2). In Folge der Marktliberalisierung im Jahr 1994 ist die DB Fernverkehr AG nicht durch Leistung zum Monopolisten im Markt geworden, sondern hat diese Position gewissermaßen geerbt. Kosten wie zum Beispiel die initiale Beschaffung rollenden Materials wurden durch den Staat übernommen. Für die Auslegung der Stigler'schen Definition von Marktzutrittsschranken von McAffee et al. ist es allerdings unwesentlich, ob das etablierte Unternehmen im Markt die Kosten bei seinem Markteintritt getragen hat oder nicht. Ist der Markteintritt des Marktneulings mit versunkenen Kosten und Unsicherheit über die langfristige Marktentwicklung verbunden, stellen die versunkenen Kosten in beiden Fällen eine Marktzutrittsschranke dar. Die Frage, ob die DB Fernverkehr AG heute, knapp 25 Jahre nach der Liberalisierung, von der initialen Anschubfinanzierung profitiert, ist deshalb unerheblich.

Von Marktzutrittsschranken sind außerdem weitere Zugangshindernisse zu unterscheiden, die den Prozess des Markteintritts behindern, ohne jedoch eine Asymmetrie zwischen etablierten und neuen Marktteilnehmern zu schaffen (Knieps 2008, S. 19), (Harbord und Hoehn 1994, S. 421). Aktive und potenzielle Unternehmen im Markt sind davon gleichermaßen betroffen. Dies lässt sich durch das Taxi-Medaillon-Beispiel von Demsetz veranschaulichen (Demsetz 1982, S. 48): Um als Taxifahrer arbeiten zu können, müssen die Fahrer in dem geschilderten Szenario zunächst eine Lizenz (Medaillon) von der Gemeinde erwerben. Der Weiterverkauf solcher Taxilizenzen ist grundsätzlich möglich. Damit haben alteingesessene und neu in den Markt eintretende Taxifahrer die gleichen Kosten. Ohne Zweifel stellt die Lizenz ein Zugangshindernis dar, das potenzielle Fahrer davon abhalten könnte in den Markt einzutreten. Da aber keine Kostenasymmetrie vorliegt, handelt es sich nach der Definition von Stigler nicht um eine Marktzutrittsschranke. Übertragen lässt sich das Beispiel im SPFV-Markt etwa auf die Trassengebühren: Hier wird seitens der Marktteilnehmer immer wieder das Argument angeführt, dass die Gebühren für die Nutzung der Trassen zu hoch seien und die Kosten nicht adäquat abbilden würden (Monopolkommission 2015, S. 32). Dies würde insbesondere Nachteile im intermodalen Wettbewerbsverhältnis nach sich ziehen (Monopolkommission 2017, S. 76). Unter der Bedingung, dass sich die Trassengebühren für alle in Deutschland tätigen EVU auf dieselbe Art und Weise berechnen, kann aber hieraus keine Kostenasymmetrie zwischen etabliertem Unternehmen und potenziellen Wettbewerbern entstehen.[14] Zwar stellen die Trassengebühren im Vergleich zu anderen Verkehrsmitteln einen Kostennachteil für EVU dar – diese anderen Verkehrsmittel sind allerdings nach der vorgenommen Marktabgrenzung aus Kapitel 3 nicht Teil des Marktes. Stiglers Definition folgend zählen sie demnach nicht als Marktzutrittsschranken und werden im weiteren Verlauf dieser Arbeit vernachlässigt. Gleiches gilt für mögliche ordnungspolitische Eingriffe des Staates für oder gegen einzelne Verkehrsträger, wie zum Beispiel die Einführung einer Fernbusmaut oder die Einführung einer Kerosinsteuer auf innerdeutschen Flügen, sofern von dem Eingriff alle EVU im deutschen SPFV-Markt gleichermaßen betroffen sind.

Zusammenfassend ergeben sich durch die Definition von Stigler und die Interpretation von McAffee et al. zwei Sachverhalte, die als potenzielle Marktzutrittsschranken im Schienenpersonenfernverkehr in Deutschland wirken könnten. Erstens der exklusive oder zumindest bevorzugte Zugang des etablierten Unternehmens zu notwendigen Inputfaktoren, sowie zweitens eine Marktstruktur, die beim Eintritt einen hohen Einsatz in versunkene Kosten voraussetzt und gleichzeitig nur wenig Rückschlüsse auf die zukünftige Marktentwicklung zulässt. Zusätzlich ist zwischen Marktzutrittsschranken und Marktzugangshindernissen zu unterscheiden. Im weiteren Verlauf der Masterarbeit sind ausschließlich Marktzutrittsschranken relevant.

4.2 Exklusiver oder bevorzugter Zugang zu Inputfaktoren

Nachfolgend wird überprüft, ob die DB Fernverkehr AG über einen bevorzugten Zugang zu notwenigen Inputfaktoren verfügt und so höhere Kosten für potenzieller Wettbewerber entstehen. Konkret werden die

14 Das Verfahren zur Vergabe von Trassen wird in Kapitel 4.2.1 beschrieben

drei Inputfaktoren Zugang zu Trassen und Bahnhöfen, Zugang zu Tarif- und Vertriebssystemen und Zugang zu Bahnstrom analysiert.

4.2.1 Zugang zur Eisenbahninfrastruktur

Die beiden mit Abstand größten Eisenbahninfrastrukturanbieter in Deutschland sind die DB Netz AG und die DB Station & Service AG (Monopolkommission 2017, S. 15). Beide Unternehmen sind einhundertprozentige Töchter der DB AG und damit Schwesterunternehmen der DB Fernverkehr AG. Die DB Netz AG ist für den Bau, die Instandhaltung und den Betrieb der Schienenwege zuständig. Die DB Station & Service AG ist für die Instandhaltung und den Betrieb der Bahnhöfe zuständig. Eisenbahninfrastrukturen stellen überwiegend natürliche Monopole dar, die Flaschenhalsstrukturen aufweisen und wesentliche Einrichtungen für die nachgelagerten Transportmärkte sind. Die Monopolkommission beschreibt eine Flaschenhalsstruktur als eine Marktstruktur, in der weitere Unternehmen „auf die Nutzung der Infrastruktur [eines anderen Unternehmens] angewiesen sind, um ihr eigenes Angebot bereitzustellen". Um wirksamen und verlässlichen Wettbewerb auf den Verkehrsmärkten zu ermöglichen, dürfen die Marktteilnehmer nicht durch die Marktmacht der Infrastrukturebene behindert werden. Aufgabe der Regulierung ist daher, „für marktkonforme Zugangsentgelte und -bedingungen zu sorgen" (Monopolkommission 2015, S. 28). Für den Eisenbahnsektor in Deutschland übernimmt diese Aufgabe die Bundesnetzagentur.

Im Schienenpersonenfernverkehr entfallen 88 Prozent der Infrastrukturnutzungsentgelte auf Trassenentgelte, lediglich 8 Prozent auf Stationsentgelte und 4 Prozent auf Serviceeinrichtungen (BNetzA 2017, S. 71). Die Verteilung der Slots in den Bahnhöfen wird im Zuge der Trassenvergabe bei der jährlichen Netzfahrplanerstellung von der DB Netz AG übernommen. Das Unternehmen nimmt also im Vergleich zu den anderen Eisenbahninfrastrukturanbietern sowohl bezogen auf die zu entrichtenden Entgelte als auch bei der Vergabe entscheidender Netzkapazitäten die wichtigste Rolle ein. Im weiteren Verlauf der Arbeit wird deshalb ausschließlich die Entgeltsystematik und Vergabepraxis der Kapazitäten der DB Netz AG auf diskriminierende Wirkung untersucht.

4.2.1.1 Die DB Netz AG als natürlicher Monopolist auf dem Markt für Schieneninfrastruktur

Bei einem natürlichen Monopol handelt es sich um eine besondere Form des Monopols. Die folgenden Ausführungen basieren auf dem Buch „Grundzüge der Mikroökonomik" von Hal R. Varian (Varian und Buchegger 2007, S. 499–515).

In der Volkswirtschaftslehre werden verschiedene Marktstrukturen unterschieden. Ist eine Branche zum Beispiel dadurch gekennzeichnet, dass eine große Anzahl kleiner Anbieter vorliegt, spricht man von einem Markt, auf dem der Tendenz nach „vollkommene Konkurrenz" herrscht. Charakteristisch für diese Struktur ist, dass jeder Anbieter annimmt, den Marktpreis nicht durch das eigene Ausbringungsniveau beeinflussen zu können. Die Menge, die durch ein einzelnes Unternehmen produziert werden könnte, ist schlichtweg zu klein, um eine Preisänderung hervorzurufen. Die Anbieter nehmen den Preis deshalb als gegeben hin und entscheiden nur über die passende Menge des Gutes, die produziert werden soll.

Das entgegengesetzte Extrem zu dieser Marktstruktur bildet eine Branche, die aus nur einem einzigen Anbieter besteht – dem Monopolisten. Im Gegensatz zu den Unternehmen, die auf einem Markt mit vollkommener Konkurrenz agieren, ist der Monopolist im Regelfall nicht Preisnehmer. Da er das komplette Ausbringungsniveau kontrolliert, kann er auch den Preis für das nachgefragte Gut beeinflussen. Die fehlende Konkurrenz versetzt ein solches Unternehmen in die Lage genau jenes Preis- und Mengenniveau zu wählen, von dem es annimmt, damit seine Gewinne zu maximieren. Die Möglichkeiten des Monopolisten hinsichtlich der Preis- und Mengensetzung sind jedoch durch das Nachfrageverhalten der Konsumenten beschränkt. Entscheidend ist an dieser Stelle, wie sehr die Konsumenten auf das Angebot des Monopolisten angewiesen sind. Wenn es für die Nachfrager leicht ist die angebotene Ware oder Dienstleistung zu ersetzen, dann ist die Marktmacht des Monopolisten stark eingeschränkt. Verfügt er hingegen über ein Angebot, das sich nur schwer substituieren lässt, verfügt der Monopolist über große Spielräume bei der Preis- und Mengensetzung.

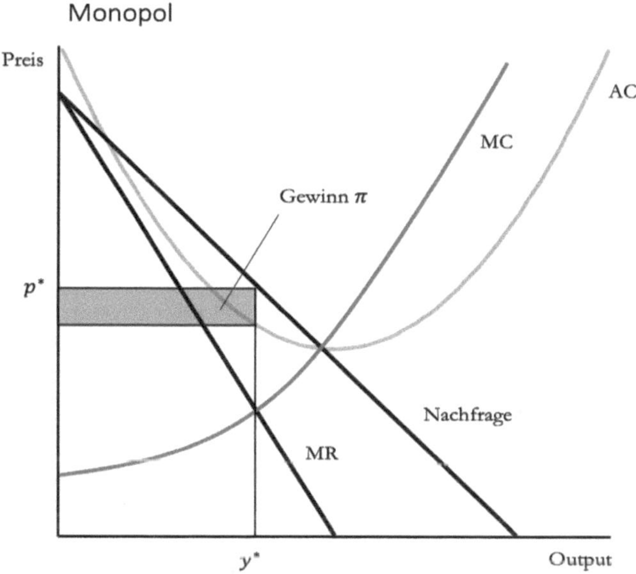

Abbildung 1: Monopol (in Anlehnung an Varian und Buchegger 2007, S. 503)

Wie in Abbildung 1 schematisch dargestellt, wählt der Monopolist zur Maximierung seines Gewinns die Preis-Mengen-Kombination, bei der die Grenzkostenkurve (hier dargestellt durch die Kurve MC, für *marginal costs*) die Grenzerlöskurve (hier dargestellt durch die Kurve MR, für *marginal return*) schneidet. An dieser Stelle entsprechen die Kosten, die entstehen, wenn eine weitere Einheit des Outputs erzeugt wird, dem Erlös, der durch die Produktion einer weiteren Einheit des Produkts entsteht. Würde der Monopolist mehr produzieren als die optimale Menge (y^*), wäre es für ihn lohnenswert die Produktion zu senken, da die Kosteneinsparungen die verlorenen Erlöse überkompensierten. Im Gegenzug würde es sich bei einem Outputniveau unterhalb der optimalen Menge lohnen die Menge zu erhöhen, da die neu hinzugewonnen Erlöse die zusätzlichen Kosten überkompensierten. Die Marge pro Mengeneinheit ergibt sich für den Monopolisten aus der Differenz zwischen dem aus der optimalen Menge resultierenden Preis (p^*) und den bei dieser Menge geltenden Durchschnittskosten (hier dargestellt durch die Kurve AC, für *average costs*). Der Gewinn lässt sich durch Multiplikation der optimalen Menge mit der Marge pro Mengeneinheit errechnen, in Abbildung 1 dargestellt als Fläche Π.

Im Vergleich zu einer Branche unter vollkommener Konkurrenz ist die gesamte Produktionsmenge, die der Monopolist wählt, geringer. Ziel dieser künstlichen Angebotsverknappung ist ein höherer Preis für das Gut. Gemäß der ökonomischen Theorie kalkulieren Unternehmen, die auf einem Markt unter vollkommener Konkurrenz agieren, ihre Menge so, dass der daraus resultierende Preis den Grenzkosten entspricht. Bezogen auf Abbildung 1 ist dies der Schnittpunkt der Grenzkostenkurve (MC) und der Nachfragekurve. Wie in der Abbildung leicht zu sehen, führt dieses Verhalten zu einem höheren Outputniveau und einem geringeren Preis. Bei dieser Preis-Mengen-Kombination entspricht die Zahlungsbereitschaft für eine zusätzliche Einheit gerade den Produktionskosten dieser zusätzlichen Einheit. Man spricht in diesem Zusammenhang von einem effizienten Outputniveau (y_{MC}).

Im Gegensatz dazu führt die vom Monopolisten gewählte, kleinere Produktionsmenge zu Wohlfahrtsverlusten. Um diese Verluste zu reduzieren, kann der Gesetzgeber versuchen, den Monopolisten dazu zu verpflichten, seine Produktionsmenge so zu wählen, dass seine Grenzkosten einem hypothetischen Marktpreis entsprechen. Von selbst würde der Monopolist dieses Outputniveau niemals wählen, da sich eine Ausweitung der Produktion über den optimalen Punkt hinaus zu Lasten seines Gewinns auswirken würde. Im Extremfall, also dann, wenn der Preis tatsächlich den Grenzkosten entspricht, erwirtschaftet der Monopolist Gewinne von Null und das Marktergebnis ist vergleichbar mit dem unter vollkommener Konkurrenz.

Allerdings erzielt ein natürlicher Monopolist negative Gewinne, wenn er den Preis gleich den Grenzkosten setzen würde. Wie in Abbildung 2 zu sehen befindet sich der Schnittpunkt von Grenzkostenkurve (MC) und Nachfragekurve unterhalb der Durchschnittskostenkurve.[15] Das bedeu-

15 Vergleiche hierzu auch Abbildung 1: Der Schnittpunkt der Grenzkostenkurve (MC) und Nachfragekurve liegt hier auf der Durchschnittskostenkurve (AC), nicht darunter.

tet, die Durchschnittskosten pro Mengeneinheit sind höher als der Preis, der durch den Verkauf einer Mengeneinheit erzielt werden kann. Die Marge pro Mengeneinheit ist also negativ und der Verlust lässt sich durch Multiplikation der Menge mit der Marge pro Mengeneinheit errechnen, in Abbildung 2 dargestellt als graue, rechteckige Fläche.

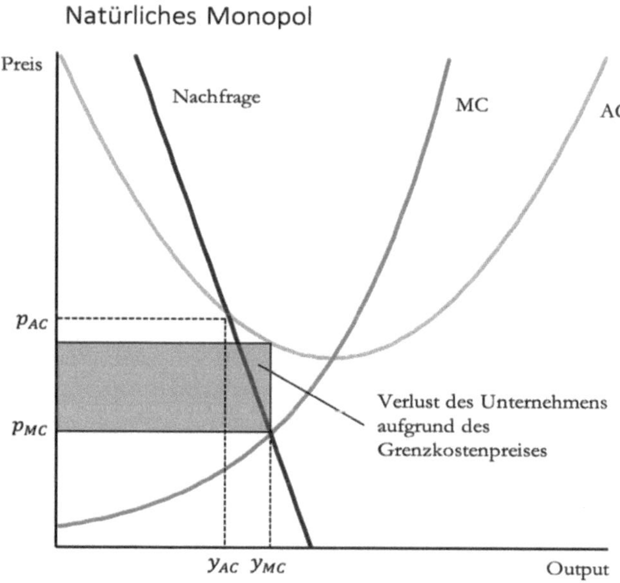

Abbildung 2: Natürliches Monopol (in Anlehnung an Varian und Buchegger 2007, S. 514)

Obwohl also das Outputniveau (y_{MC}) aus volkswirtschaftlicher Sicht effizient ist, ist es für den natürlichen Monopolisten selbst nicht wirtschaftlich: Würde eine Behörde ihn zur Bereitstellung der effizienten Outputmenge (y_{MC}) verpflichten, würde es der Monopolist vorziehen, die Produktion ganz einzustellen. Dieses Dilemma lässt sich häufig bei öffentlichen Versorgungsunternehmen zum Beispiel aus dem Energie-, Telekommunikations- oder Mobilitätssektor beobachten. Als konkretes Beispiel. Der Aufbau einer Eisenbahninfrastruktur bringt hohe Fixkosten mit sich (Verlegung der Eisenbahntrassen, Bau der Bahnhöfe, Installation von Signaltechnik), weist jedoch nur geringe Grenzkosten für die Bereitstellung zusätzlicher Fahrwegkapazitäten auf – wenn die Schienen einmal verlegt sind, kostet es wenig, zusätzliche Eisenbahnen auf den Schienen fahren zu lassen. Der Eisenbahninfrastrukturanbieter nimmt also die Rolle eines natürlichen Monopolisten ein. Aus volkswirtschaftlicher Sicht wäre es wünschenswert, wenn der Eisenbahninfrastrukturanbieter die Fahrwegkapazität zum Preis der Grenzkosten bereitstellen würde. Aus betriebswirtschaftlicher Sicht ist ein Angebot unter diesen Umständen für das Unternehmen unmöglich, da es aufgrund der hohen Anfangsinvestitionen dauerhaft Verluste anhäufen würde.

Welche Möglichkeiten zur Preissetzung verbleiben der regulierenden Instanz, wenn der Monopolpreis aufgrund der zu geringen Outputmenge nicht erwünscht ist (s. Abbildung 1), gleichzeitig aber der natürliche Monopolist nicht dazu gezwungen werden kann, zum Konkurrenzpreis zu produzieren (s. Abbildung 2)? Um keine negativen Gewinne zu erzielen und in der Folge von staatlichen Subventionen abhängig zu sein, muss das betreffende Unternehmen zwangsläufig über oder zu Durchschnittskosten produzieren. Um allen zahlungsbereiten Nachfragern seine Leistung zur Verfügung stellen zu können, muss sich das Unternehmen dazu an der Nachfragekurve orientieren. Die natürliche Preis-Output-Relation für ein reguliertes Unternehmen in einem Nachfragediagramm entspricht daher genau dem Schnittpunkt von Durchschnittskostenkurve und Nachfragekurve. Die daraus resultierende Produktionsmenge und der dazugehörige Preis sind in Abbildung 2 als y_{AC} und p_{AC} bezeichnet. Diese Preis-Output-Kombination zeichnet sich dadurch aus, dass der natürliche Monopolist hier kostendeckend arbeitet, aber die erzeugte Menge relativ zum effizienten Outputniveau (y_{MC}) zu gering ist. Es handelt sich um eine Second-best-Lösung, während eine Lösung des Problems, bei der die höhere, effiziente Outputmenge produziert würde (zum Beispiel durch staatliche Subventionen), als First-best-Lösung gilt.

Vorgaben für die Entgeltsystematik der DB Netz AG sind im Eisenbahnregulierungsgesetz (ERegG) festgelegt (Monopolkommission 2017, S. 14).[16] Die konkrete Ausgestaltung sieht vor, dass sich das Trassenentgelt je Marktsegment aus den Komponenten unmittelbare Kosten des Zugbetriebs (uKZ), Vollkostenaufschlag und weiteren Elementen zusammen-

16 Vgl. dazu ERegG § 36 Ausgestaltung der Entgelte

setzt. Die Aufschläge sind so zu wählen, dass die bestmögliche Wettbewerbsfähigkeit der Segmente gewährleistet wird. Diese Vorgaben erfüllt das Ramsey-Prinzip, das darauf abzielt, „die Wohlfahrt in einem natürlichen Monopol unter der Nebenbedingung zu maximieren, dass die Kosten des Anbieters [...] von den Umsatzerlösen gedeckt werden" (DB Netz AG 2017b, S. 32). Der Gesetzgeber sieht für den natürlichen Monopolisten DB Netz AG also eine Second-best-Lösung durch Ramsey-Preise vor.

Ramsey-Preise sind eine besondere Form der Preisdifferenzierung. Im konkreten Fall werden die Grenzkosten der Trassennutzung mit individuellen Aufschlägen versehen, sodass die Fixkosten des Infrastrukturbetreibers mindestens abgedeckt werden, ohne dass sich gegenüber der reinen Grenzkostendeckung die Relationen der Angebotsmengen zueinander ändern. Dies hat einen niedrigen Preisaufschlag bei einer preiselastischen und einen hohen Preisaufschlag bei einer preisunelastischen Nachfrage zur Folge. Die Gesamtnachfrage wird in der Konsequenz in mehrere Nachfragegruppen aufgeteilt, für die jeweils ein gesonderter Preis verlangt werden kann. (Stock und Bernecker 2014, S. 270). Dieses Vorgehen führt gegenüber der theoretisch effizienten, aber nicht kostendeckenden Preissetzung in Höhe der Grenzkosten des Infrastrukturanbieters zu geringeren Wohlfahrtsverlusten (Monopolkommission 2015, S. 32).

Ausgangspunkt für die zugrundeliegenden Trassenentgelte der DB Netz AG ist eine Grobsegmentierung in die Verkehrsdienste Schienenpersonennah-, Schienenpersonenfern- und Schienengüterverkehr. Die Verkehrsdienste werden anschließend entlang räumlicher, zeitlicher und sachlicher Dimensionen in weitere Marktsegmente unterteilt: „Der Marktsegmentierung liegt eine Analyse der Marktgegenseite, d. h. der Zugangsberechtigten sowie der nachgelagerten End- bzw. Zwischenkundenmärkte zugrunde" (DB Netz AG 2017b, S. 6). Im Schienenpersonenfernverkehr erfolgt die Segmentierung des Endkundenmarktes anhand des Aufkommens und der Struktur der Reisenden. Die Kriterien Laufweg und Verkehrszeit sollen die Unterschiede in Bezug auf das Aufkommen wiedergeben. Das Kriterium Geschwindigkeit soll neben dem Aufkommen auch die Zahlungsbereitschaft der Reisenden abbilden. Alle zur Segmentierung gewählten Kriterien müssen von der DB Netz AG beobachtbar und verifizierbar sein (DB Netz AG 2017b, S. 8).

Raumkriterium: Unterschieden wird zwischen Verbindungen zwischen Metropolbahnhöfen (mind. 50 000 Reisende pro Tag), aufkommensstarken Grenzstellen (Grenzverbindungen zu Nachbarländern) und sonstigen Verbindungen. Der Differenzierung liegt die Vermutung zugrunde, dass das Fahrgastpotenzial auf Trassen zwischen Metropolbahnhöfen und/oder Metropolbahnhöfen und aufkommensstarken Grenzstellen höher und der Markt dementsprechend attraktiver ist (DB Netz AG 2017b, S. 8).

Kriterium Verkehrszeit: Ähnlich wie bei der räumlichen Segmentierung wird bei der zeitlichen Segmentierung eines Zuglaufs ebenfalls nach der Aufkommensstärke unterschieden. Wesentlich für die Bewertung der Aufkommensstärke sind Tagesgang- und Wochenganglinien. Im SPFV wird zwischen drei Ausprägungen differenziert: Hohes Reisendenaufkommen von 6:00–20:00 Uhr (Mo-Fr) bzw. von 9:00–20:00 Uhr (Sa, So); niedriges Aufkommen in der Zeit von 20:00–23:00 Uhr und von 6:00–9:00 Uhr; sowie sehr niedriges Aufkommen von 23:00–6:00 Uhr. Maßgeblich ist die geplante Verkehrszeit (DB Netz AG 2017b, S. 10).

Kriterium Durchschnittsgeschwindigkeit: Mit Hilfe der Durchschnittsgeschwindigkeit sollen Züge abgegrenzt werden, die unterschiedliche Endkundensegmente bedienen. Man nimmt an, dass über das Kriterium der Durchschnittsgeschwindigkeit die steigende Zahlungsbereitschaft der Endkunden bei sinkender Reisedauer abgebildet werden kann. Im SPFV wird insgesamt zwischen drei Gruppen unterschieden: Fernverkehrszüge, die mit bis zu 100 km/h verkehren; Verkehre, die oberhalb der Schwelle von 160 km/h fahren; und Fernverkehrszüge mit einer Durchschnittsgeschwindigkeit zwischen 100 km/h und 160 km/h. In der letzten Gruppe wird eine linear mit der Geschwindigkeit ansteigende Bepreisung gewählt (DB Netz AG 2017b, S. 11).

Weitere Kriterien: Weitere Kriterien zur Berechnung der Trassennutzungsentgelte sind zeitliche Flexibilität, Frequenz und Priorisierung[17] im Betrieb (DB Netz AG 2017b, S. 12).

Die genannten Kriterien werden so kombiniert, dass insgesamt sechs Marktsegmente im Schienenpersonenfernverkehr entstehen: Metro Tag, Basic, Nacht, Punkt zu Punkt sowie Charter/Nostalgie und Lok/Leerfahrt. So wird beispielsweise ein Zuglauf in das Marktsegment Metro Tag einsortiert, wenn es sich um eine Verbindung zwischen zwei Metropolbahnhöfen handelt und die Fahrt von Montag bis Freitag zwischen 6:00 Uhr und 20:00 Uhr oder am Wochenende bzw. an Feiertagen zwischen 9:00 Uhr und 20:00 Uhr stattfindet. Je nach Durchschnittsgeschwindigkeit wird die Verbindung einer der drei zuvor beschriebenen Gruppen des Kriteriums zugeordnet. Für die Segmente Metro Tag, Basic, Nacht und Punkt zu Punkt kann jeweils der Zusatz „Express" hinzugebucht werden. Die mit diesem Zusatz versehenen Zugläufe erhalten in der betrieblichen Durchführung grundsätzlich Vorrang vor anderen Zügen (ausgenommen, es handelt sich um dringliche Hilfszüge oder andere Schienenpersonenfernverkehrsdienste mit dem Zusatz Express). Eine detaillierte Beschreibung aller Marktsegmente im Schienenpersonenfernverkehr findet sich auf den Seiten 75 bis 83 der Schienennetz-Benutzungsbedingungen der DB Netz AG 2018 (DB Netz AG 2017c, S. 75–83).

4.2.1.2 Ablauf des Planungsprozesses für den Netzfahrplan

Der Ablauf der Planungsprozedur für den Netzfahrplan ist in der Anlage 2.4.2 der jeweils gültigen Schienennetznutzungsbedingungen beschrieben. Tabelle 1 liefert einen Überblick über die wichtigsten Aktivitäten und ihre zeitliche Abfolge.

Der Netzfahrplan wird einmal pro Jahr erstellt und ist ab dem zweiten Samstag im Dezember um 24:00 Uhr bis zum Wechsel im Dezember des darauffolgenden Jahres gültig. Zum Beispiel wurde der bis Dezember 2019 gültige Netzfahrplan im Jahr 2018 erstellt und gilt seit dem 9. Dezem-

17 Wird im folgenden Abschnitt unter dem Stichwort „Express Hinzubuchen" erklärt.

ber 2018 um 00:00 Uhr. Antragsteller können sich die Trassenkapazitäten für die Dauer von maximal einer Netzfahrplanperiode sichern, bevor ein neuer Netzfahrplan gültig wird. Von der Praxis, Trassenkapazitäten länger als eine Netzfahrplanperiode in Form von Rahmenverträgen zu vergeben, hat die DB Netz AG seit dem 1. Dezember 2016 Abstand genommen (DB Netz AG 2017c, S. 23). Grund hierfür ist der gestiegene Aufwand in Bezug auf die Ablehnung bzw. Gewährung von Schienenwegkapazitäten in Form von Rahmenverträgen. Die Anforderungen wurden im Jahr 2016 durch eine Durchführungsverordnung der Europäischen Kommission konkretisiert (Monopolkommission 2019, S. 83).

Die jährliche Netzfahrplanerstellung beginnt damit, dass von Mitte März bis Mitte April Anträge auf Zuweisung von Zugtrassen an die DB Netz AG gestellt werden können. Danach hat die DB Netz AG maximal vier Monate Zeit, einen vorläufigen Netzfahrplan zu entwerfen. Dabei gilt der Grundsatz, dass „alle fristgerecht vorliegenden Trassenanmeldungen […] während des gesamten Prozesses der Trassenbearbeitung diskriminierungsfrei zu behandeln [sind]" (DB Netz AG 2017a, S. 4). Im besten Fall sollen alle später verschickten Trassenangebote den Trassenanmeldungen entsprechen. Ist dies wegen konkurrierender Trassenanmeldung nicht möglich, versucht die DB Netz AG, innerhalb folgender Spielräume eine einvernehmliche Lösung zu finden: Für das SPFV-Segment Punkt zu Punkt gilt ein Spielraum von +/–30 Minuten, für alle anderen Segmente des SPFV ein Spielraum von +/–3 Minuten. Wird von dieser Möglichkeit Gebrauch gemacht, erfolgt dies ohne Rücksprache mit dem Antragsteller. Kann der Trassenkonflikt auch durch Ausnutzung dieser Konstruktionsspielräume nicht gelöst werden, erfolgt ein Koordinierungsverfahren und gegebenenfalls ein Streitbeilegungsverfahren gefolgt von einem Höchstpreisverfahren (DB Netz AG 2017a, S. 5).[18] Nach Fertigstellung des vorläufigen Netzfahrplans haben die Anmelder die Möglichkeit, innerhalb eines Monats schriftliche Stellungsnahmen zum vorläufigen Netzfahrplan abzugeben. Sie können an dieser Stelle auf mögliche Regelverletzungen aus den vorangegangenen Schritten hinweisen. Besteht eine berechtigte Beanstandung, hat die DB Netz AG fünf

18 Wie diese Verfahren im Einzelnen aussehen, wird im folgenden Unterkapitel beschrieben

Tage Zeit, diese zu beheben. (DB Netz AG 2017a, S. 11). Werden Anträge auf Trassen von der DB Netz AG ganz oder teilweise abgelehnt, ist das Unternehmen nach § 72 ERegG dazu verpflichtet, die Regulierungsbehörde (Bundesnetzagentur) vor der Erstellung des endgültigen Fahrplans zu unterrichten. Die Bundesnetzagentur hat in der Folge das Recht, die beabsichtigten Entscheidungen abzulehnen und die Ablehnung mit weiteren Vorgaben zu verbinden, wie weiter zu verfahren ist (ERegG, § 73 (1)). Nachdem der finale Netzfahrplanentwurf erstellt ist, werden die Trassenangebote an die Anmelder verschickt. Diese haben dann fünf Tage zur Annahme. Zum Abschluss erfolgen die Erstellung der Fahrplanunterlagen und am zweiten Samstag im Dezember der Wechsel des Netzfahrplans.

Zeitpunkt	Aktivität
Einen Monat vor dem zweiten Montag im April des Jahres, in dem der Netzfahrplan beginnt	Anträge auf Zuweisung von Zugtrassen
Zweiter Montag im April des Jahres, in dem der Netzfahrplan beginnt	Annahmeschluss für Anmeldung von Trassen zum Netzfahrplan
	Trassenkonstruktion/Koordinierungsverfahren/ Konfliktlösungsgespräche
Wird jährlich konkret definiert, spätestens jedoch vier Monate nach Ablauf der vorgenannten Frist	Fertigstellung vorläufiger Netzfahrplanentwurf
Binnen eines Monats nach Fertigstellung des vorläufigen Netzfahrplanentwurfs	Schriftliche Stellungnahmen der Anmelder möglich
Nach Bearbeitung der berechtigten Beanstandungen (Frist wird von DB Netz festgelegt)	Endgültiger Netzfahrplanentwurf; Abgabe der Trassenangebote
Spätestens fünf Arbeitstage nach Eingang der Trassenangebote	Annahme der Trassenangebote
	Erstellung der Fahrplanunterlagen
Zweiter Samstag im Dezember, 24:00 Uhr	Wechsel des Netzfahrplans

Tabelle 1: Rahmenterminplan für die Erstellung des Netzfahrplans (DB Netz AG 2017a, S. 2)

4.2.1.3 Konkrete Vorwürfe

Sowohl die DB Fernverkehr AG als auch die DB Netz AG sind Teil desselben Konzerns. Die Muttergesellschaft DB AG kontrolliert also sowohl den wesentlichen Schieneninfrastrukturanbieter als auch das dominierende Unternehmen auf dem nachgelagerten SPFV-Markt. Es ist davon auszugehen, dass der Konzern mit seinen Töchtern in erster Linie daran interessiert ist, seinen Gewinn zu maximieren. Es wäre für die DB Netz AG daher nur folgerichtig, dem eigenen Schwesterunternehmen Vorteile einzuräumen und so konkurrierende Eisenbahnverkehrsunternehmen zu diskriminieren. Das Ziel der Gewinnmaximierung steht nicht im Einklang mit effizienter Netzbewirtschaftung. Aus dieser Konstellation ergibt sich deshalb ein Anreizproblem, das den Verdacht der Diskriminierung beim Zugang zu Trassen rechtfertigt (Monopolkommission 2011, S. 101), (Monopolkommission 2015, S. 20). Sollte die DB Fernverkehr AG als etabliertes Unternehmen über Vorteile bei der Vergabe von Trassenkapazitäten verfügen, könnte das zur Folge haben, dass Wettbewerber nicht in den Markt eintreten oder ihre Marktposition nicht ausbauen können. Der Vergabeprozess von Eisenbahntrassen wäre in diesem Fall als Marktzutrittsschranke zu bewerten.

Konkret werden von den Wettbewerbern der DB Fernverkehr AG drei Kritikpunkte genannt (Monopolkommission 2015, S. 46):

- Es fehlen exakte Angaben zu bestehenden Trassenbelegungen, sodass Verkehrsunternehmen nicht eigenständig freie Trassenkapazitäten identifizieren können.
- Es fehlt an Informationen zur Beschaffenheit der Zugtrassen, um eine effiziente Entscheidung über die Nutzung möglicher Trassen treffen zu können.
- Es gibt Vorbehalte gegen das Koordinierungsverfahren und die weiteren nachgelagerten Schritte im Fall von Trassenkonflikten.

Angabe von Trassenbelegungen: Es wird die Vermutung geäußert, dass die DB Fernverkehr AG als Unternehmen der DB AG über „deutliche Informationsvorteile" bezüglich der Trassenbelegung verfügt. Die Deutsche Bahn AG bestreitet das Vorliegen solcher Informationsvorteile. Die Monopolkommission stellt fest, dass die Existenz solcher Vorteile nicht nachgewiesen werden kann. Gleichzeitig weist sie aber darauf hin, dass die Kontrollfähigkeiten der Bundesnetzagentur nicht darauf ausgelegt sind, derartige Diskriminierungsmöglichkeiten aufzudecken (Monopolkommission 2013, S. 66). Wie bereits beschrieben kann die Bundesnetzagentur bei der Entstehung des Netzfahrplans abgelehnte Anträge auf Trassennutzung überprüfen. Ebenso müssen die Schienennetznutzungsbedingungen vor Inkrafttreten von ihr geprüft werden – sie hat allerdings keine Möglichkeit, die Kommunikation zwischen den Schwesterunternehmen DB Fernverkehr AG und DB Netz AG zu überwachen.

Informationen über die Beschaffenheit der Trassen: Die Informationen, die den Eisenbahnverkehrsunternehmen von der DB Netz AG bezüglich der Beschaffenheit der Zugtrassen bereitgestellt werden müssen, werden als unzureichend bezeichnet, da sie keine Details zur Streckenphysik enthalten. Für eine verlässliche Planung der Verkehre sei eine solche Information jedoch notwendig (Monopolkommission 2013, S. 66). Warum genau diese Notwendigkeit besteht, bzw. worin der Nachteil besteht, wenn diese Information fehlt, wird im entsprechenden Gutachten der Monopolkommission nicht weiter ausgeführt. Im Nachfolgegutachten empfiehlt die Monopolkommission, das Infrastrukturunternehmen zu verpflichten, Zeit-Wege-Diagramme oder Bildfahrpläne für die Zugangsberechtigten bereitzustellen (Monopolkommission 2015, S. 10). In den folgenden Gutachten der Monopolkommission wird dieser Punkt nicht erneut aufgegriffen. Ob die zusätzlichen Informationen mittlerweile bereitgestellt werden, ist nicht bekannt.

Vorbehalte gegenüber dem Koordinierungsverfahren: Wie bereits im Abschnitt über die Entstehung des Netzfahrplans beschrieben (s. Kapitel 4.2.1.3), kann es bei der Konstruktion der Fahrpläne zu konkurrierenden Trassenanmeldungen kommen. Können diese nicht im Rahmen des Konstruktionsspielraums von den Planern gelöst werden, muss das sogenannte Koordinierungsverfahren eingeleitet werden. Für das Koordinierungsverfahren gelten festgelegte Grundsätze – unter anderem, dass alle Zugangsberechtigten, deren Trassenanmeldungen in Konflikt stehen, unverzüglich und gleichzeitig hierüber zu unterrichten sind. Weiterhin haben alle beteiligten Parteien die Möglichkeit, Lösungsvorschläge zu unterbreiten. Vorschläge für die Konfliktlösung werden nur dann umgesetzt, wenn sie eine Lösung für alle beteiligten Parteien darstellen. Während der Koordinierung ruht die Trassenkonstruktion für die konfliktbeteiligten Trassen. Bleibt die Koordinierung erfolglos, leitet die DB Netz AG unmittelbar ein Konfliktlösungsgespräch in Form einer Telefonkonferenz mit allen Beteiligten ein. Die DB Netz AG bringt an dieser Stelle Lösungsvorschläge ein, die in einem zeitlichen Rahmen von bis zu einer Stunde von der ursprünglich angemeldeten Zeit abweichen können und gegebenenfalls ebenfalls räumliche Abweichungen vorsehen (DB Netz AG 2017a, S. 6–8). Führt auch dieses Vorgehen zu keiner einvernehmlichen Lösung, wird im nächsten Schritt das Streitbeilegungsverfahren eingeleitet.

Um im Streitbeilegungsverfahren zu einer Entscheidung zu gelangen, welcher Konfliktpartei die Trassenkapazität zuzusprechen ist, wurden Vorrangregeln definiert: Oberste Priorität hat vertakteter oder ins Netz eingebundener Verkehr. An zweiter Stelle stehen grenzüberschreitende Zugtrassen. An dritter Stelle sind Zugtrassen für den Güterverkehr zu berücksichtigen. Der Verkehr gilt bezogen auf den Schienenpersonenverkehr als „ins Netz eingebunden", wenn entweder „mindestens zwei bestellte Anschlussverbindungen[19] innerhalb von 30 Minuten zu anderen Trassen [...] bestellt worden sind" oder der Verkehr „einen Umlauf aus Hin- und Rückleistung mit unveränderter Zugkonfiguration bildet, wobei zwischen Hin- und Rückfahrt maximal 60 Minuten liegen dürfen" (DB Netz AG 2017c, S. 49–50). Lässt sich auch durch die Vorrangregeln keine eindeutige Entscheidung herbeiführen, stellt die DB Netz AG die Entgelte der konfliktbehafteten Trassen gegenüber. Es werden alle Verkehrstage innerhalb der Fahrplanperiode sowie die gesamte Laufstrecke berücksichtigt. Die Anmeldung mit dem höheren Entgelt erhält den Zuschlag. Ergibt sich weiterhin eine Gleichrangigkeit, wird als letzter Schritt das Höchstpreisverfahren eingeleitet. Das Gebot muss sich auf die gesamte Trasse, die den konfliktbehafteten Abschnitt beinhaltet, beziehen und wird über die Bundesnetzagentur an die DB Netz AG gesendet. Das höhere Gebot erhält den Zuschlag (DB Netz AG 2017a, S. 10).

Wettbewerber der Deutschen Bahn AG bemängeln, dass die Verhandlungsposition im Koordinierungsverfahren erheblich „durch das detaillierte Fachwissen zu Zuglaufplanungen der Verhandlungspartner beeinflusst sei". Im Gegensatz zu den Unternehmen der Deutschen Bahn AG verfügten die weitaus kleineren Wettbewerber nicht über derartiges Wissen mit der Folge, dass ihre Position im Koordinierungsverfahren geschwächt sei. Sie sähen sich deshalb frühzeitig mit der Aussage konfron-

19 Zum Schienenpersonennahverkehr

tiert, ihr Trassenwunsch sei nicht realisierbar (Monopolkommission 2011, S. 106), (Monopolkommission 2013, S. 66).

Das Koordinierungsverfahren könnte zudem durch strategisches Verhalten der Wettbewerber und hier insbesondere durch den dominanten Anbieter im Markt, die DB Fernverkehr AG, beeinflusst werden. Dort, wo ein Kapazitätskonflikt bereits bei der Anmeldung absehbar ist, könnten Anmelder versuchen, durch die Anmeldung eines künstlich verlängerten Zuglaufs den Entgeltvergleich für sich zu entscheiden. Zur Erinnerung, beim Vergleich der Entgelte im Streitbeilegungsverfahren werden die gesamte Laufstrecke und alle Verkehrstage der Fahrplanperiode herangezogen. Wenn die Eisenbahnverkehrsunternehmen der Deutschen Bahn AG tatsächlich, wie von Seiten der Wettbewerber vermutet, Informationsvorteile bezüglich der Trassenbelegung besitzen, könnten sie vorab erfahren, auf welchen Trassen konkurrierende Anmeldungen zu erwarten sind. Zudem verfügt die DB Fernverkehr AG über den mit Abstand größten Fuhrpark im Markt und könnte so eine „ineffiziente" Nutzung des rollenden Materials bedingt durch verlängerte Laufstrecken oder Fahrten an eigentlich schwachen Verkehrstagen am ehesten ausgleichen. Es bleibt abzuwarten, ob die DB Fernverkehr AG ein aggressiveres Verhalten bei der Anmeldung von Trassen, den Koordinierungs-, den Streitbeilegungs- und den Höchstpreisverfahren an den Tag legt, wenn sie sich ernstzunehmenden bundesweit agierenden Wettbewerbern gegenübersieht. Möglicherweise war die DB Fernverkehr AG in den letzten Jahren sogar daran interessiert, kleinere Wettbewerber am Markt zu halten, um so von der Tatsache abzulenken, dass das Unternehmen seit Jahrzehnten eine Monopolstellung auf einem Markt innehat, der eigentlich bestreitbar sein sollte (Schlesiger 2017).

4.2.2 Vertrieb von Fahrkarten für den SPFV

„Die bestehenden Tarif- und Vertriebsstrukturen erlauben Wettbewerbern der Deutschen Bahn AG im Schienenpersonenfernverkehr kaum eine Teilnahme am bundesweit einheitlichen System". Laut Monopolkommission sei es den Unternehmen nur schwer möglich, andere als die eigenen Fahrtziele anzubieten. Ebenso wenig sei ein Verkauf von Fahrkarten über andere als die eigenen Vertriebswege möglich. In der Folge müsse mit erheblichen Erlöseinbußen gerechnet werden (Monopolkommission 2013, S. 109). Nach wie vor ist es für Wettbewerber der DB Fernverkehr AG nicht möglich, in einem eigenen Vertriebssystem auch Fahrtziele anzubieten, die nur von den Verkehrsgesellschaften der Deutschen Bahn AG bedient werden. Da die DB Fernverkehr AG über einen Marktanteil von über 99 Prozent verfügt, betrifft dieser Umstand viele Zielorte im Schienenfernverkehr in Deutschland. Zusätzlich lässt die Deutsche Bahn AG auf ihren eigenen Verkaufskanälen weiterhin keinen Verkauf von Fernverkehrsfahrkarten von Wettbewerbern zu. So wurden beispielsweise die Fahrkarten des mittlerweile insolventen Hamburg-Köln-Express weder an den Schaltern, noch an den Automaten und insbesondere nicht über die Internetplattform und die App der Deutschen Bahn verkauft (Monopolkommission 2017, S. 43–44). Solange die DB Fernverkehr AG ihr Tarif- und Vertriebssystem nicht öffnet, ist eine Buchung von Umsteigeverbindungen zwischen dem Unternehmen und Wettbewerbern im Schienenfernverkehr damit unmöglich.

Grundsätzlich wäre es ungewöhnlich, von einem Unternehmen zu fordern, mit seinen Wettbewerbern zu kooperieren. Eine solche Forderung bedarf deshalb einer besonderen Begründung. Für die Durchsetzung von Vertriebs- und Tarifkooperationen im Fernverkehr gibt es nach Auffassung der Monopolkommission zwei rechtliche Anknüpfungspunkte. Zum einen könnten die Tarif- und Vertriebssysteme der DB AG als wesentliche Einrichtungen im Markt eingeordnet werden. „Die DB Fernverkehr AG könnte über eine marktbeherrschende Stellung auf dem relevanten Markt verfügen, da die DB Fernverkehr AG im SPFV als Quasi-Monopolist agiert. Sofern die Tarif- und Vertriebssysteme der Deutschen Bahn AG als wesentliche Einrichtung eingeordnet werden, müsste sie also die Vorgaben von Art. 102 AEUV[20] bzw. § 19 GWB beachten." Die Monopolkommission schlägt deshalb vor, das Bundeskartellamt prüfen zu lassen, ob eine marktbeherrschende Stellung vorliegt und ob Anzeichen für einen Marktmachtmissbrauch bestehen (Monopolkommission 2017, S. 44). Zum anderen sind Eisenbahnverkehrsunternehmen nach § 12 Abs. 1 AEG gesetzlich verpflichtet, daran mitzuwirken, „dass für die Beförderung von Personen [...] eine direkte Abfertigung eingerichtet wird" und dass „im Personenverkehr durchgehende Tarife aufge-

20 Missbräuchliche Ausnutzung einer beherrschenden Stellung auf dem Markt

stellt werden" (AEG, S. 39). Wie bereits beschrieben, ist bei einer Umsteigeverbindung eine durchgehende Tarifierung für Wettbewerber der DB Fernverkehr AG ohne Tarifkooperation der Unternehmen nicht möglich. Die Monopolkommission schlägt deshalb vor zu überprüfen, ob die DB Fernverkehr AG ihrer Mitwirkungspflicht aus § 12 Abs. 1 AEG in ausreichender Weise nachkommt (Monopolkommission 2017, S. 43–44).

Bis dahin bleibt Wettbewerbern nur die Möglichkeit, Fahrkarten für ihr eigenes Streckennetz zu verkaufen, Vertriebs- und Tarifkooperationen mit anderen Verkehrsunternehmen als denen der Deutschen Bahn AG einzugehen und ein eigenes Vertriebssystem aufzubauen. Der Zugang zu potenziellen Kunden, die über das im Markt dominante Vertriebssystem der Deutschen Bahn AG ihre Fernverkehrsfahrkarte kaufen, bleibt versperrt. Ebenso gibt es keine Möglichkeit, Fernverkehrsziele anzubieten, die nur durch eine Kombination der Dienstleistungen der DB Fernverkehr AG und des Wettbewerbers zu erreichen sind. Für beide Argumente gilt, dass sie durch Kapitaleinsatz ausgeglichen werden könnten. Verfügt ein Marktneuling über einen ausreichend großen Fuhrpark, um alle gewünschten Ziele im gesamten Bundesgebiet abzudecken, ohne auf die Dienste der DB Fernverkehr AG angewiesen zu sein, ist eine Tarifkooperation nicht mehr zwingend notwendig. Ist ein Einsteiger in der Lage ein konkurrenzfähiges Vertriebssystem aufzubauen, mit dem er die potenziellen Kunden genauso erreicht wie die DB Fernverkehr AG mit dem derzeit etablierten System, sinkt der Anreiz, dort vertreten zu sein. In den Kapiteln 4.3 und 4.4 wird beschrieben, warum es sich bei diesen Investitionen um signifikante versunkene Kosten handelt und warum diese im SPFV-Markt wie eine Marktzutrittsschranke wirken.

4.2.2.1 Zugang zu Verkaufsflächen in Bahnhöfen

Damit Wettbewerber die Möglichkeit haben, ein zum bestehenden System gleichwertiges Vertriebssystem aufzubauen, benötigen sie genauso wie das etablierte Unternehmen einen diskriminierungsfreien Zugang zu Verkaufsflächen in Bahnhöfen. Da geeignete Räumlichkeiten für den Fahrkartenverkauf in der Regel historisch bedingt langfristig an die Verkehrsunternehmen der Deutschen Bahn AG vermietet sind, wird Wettbewerbern unter Hinweis auf fehlende Kapazitäten der Zugang zu Verkaufsflächen mitunter verwehrt. Als Beispiel wird im Sondergutachten der Monopolkommission die Vermarktung von Fernverkehrsfahrkarten des Unternehmens Thalys im Kölner Hauptbahnhof genannt. Kunden müssen das Bahnhofsgebäude verlassen und den nahegelegenen Thalys-Shop aufsuchen, wenn sie sich persönlich beraten lassen oder ein „Schalter-Ticket" erwerben wollen (Monopolkommission 2015, S. 56). Für den Wettbewerber ist der Aufbau eines alternativen Vertriebssystems mit gleichen Kanälen wie das etablierte System der Deutschen Bahn AG unter Umständen also gar nicht möglich.

Zudem wurde den Wettbewerbern in der Vergangenheit auch die Möglichkeit genommen, durch Kooperationen mit Ladenmietern in den Bahnhöfen zumindest den Verkauf von Fahrkarten innerhalb des Gebäudes zu gewährleisten. Bis vor kurzem war der Verkauf von Fahrkarten in Bahnhofsläden nur dann möglich, wenn die Deutsche Bahn AG diesem Verkauf auch zugestimmt hat. Der Zustimmungsvorbehalt der Deutschen Bahn AG war in den Mietverträgen für Bahnhofsläden grundsätzlich vorgesehen. Mittlerweile ist der Fahrkartenverkauf auch ohne Zustimmung möglich. Bestehende Verträge konnten auf Antrag der Ladenmieter ebenfalls abgeändert werden (Monopolkommission 2017, S. 37). Die Deutsche Bahn AG reagierte damit auf ein gegen sie gerichtetes Verfahren wegen des Verdachts auf Missbrauch einer marktbeherrschenden Stellung im Zusammenhang mit dem Vertrieb von Fahrkarten für den Schienenpersonenverkehr, das von Seiten des Bundeskartellamtes im Januar 2014 eingeleitet worden war. Hauptgrund für die Untersuchung war die illegale Kopplung von Tarif- und Vertriebskooperationen auf Kosten der Wettbewerber im Schienenpersonennahverkehr. Der Verzicht auf den Zustimmungsvorbehalt war ein Teil weiterer Verpflichtungszusagen, um die kartellrechtlichen Bedenken auszuräumen (Bundeskartellamt 2016, S. 1–4).

Eine dritte Möglichkeit, Fahrkarten innerhalb des Bahnhofsgebäudes zu verkaufen, bieten Automaten an Bahnsteigen. Die DB Station & Service AG verpflichtet sich in ihren Nutzungsbedingungen, jedem Eisenbahnverkehrsunternehmen Flächen für Fahrausweisautomaten in der Station (Bahnsteige und Zuwegungen) kostenfrei zur Verfügung zu stellen (DB Station & Service AG 2017, S. 35).

4.2.3 Energieversorgung des rollenden Materials

Das deutsche Bahnstromnetz gehört zur DB Energie GmbH, einer Tochtergesellschaft der Deutsche Bahn AG. Neben der Bereitstellung kümmert sich das Unternehmen unter anderem auch um die Erzeugung und Beschaffung von Bahnstrom. Für Eisenbahnverkehrsunternehmen, die auf die Versorgung mit Bahnstrom angewiesen sind, stellt das Netz der DB Energie GmbH eine notwendige Inputressource dar. Die EVU haben die Möglichkeit, die Stromversorgung entweder durch die sogenannte Bahnstrom-Vollversorgung komplett von der DB Energie GmbH durchführen zu lassen oder lediglich den Netzzugang zu buchen, um sich über einen dritten Anbieter am Strommarkt zu versorgen. Erst im Jahr 2010 wurde durch eine Entscheidung des Bundesgerichtshofes klargestellt, dass die Entgelte für die Nutzung der Netze der DB Energie GmbH auch durch das Energierecht zu regulieren sind.[21] Den Umstand, dass die Entgelte für die Netznutzung keiner regulatorischen Kontrolle unterlagen, hatte die DB Energie GmbH zuvor ausgenutzt, indem sie hohe Gebühren für den Netzzugang verlangte, sodass sich der Drittbezug nicht mehr lohnte. Die Eisenbahnverkehrsunternehmen hatten aus betriebswirtschaftlicher Sicht also keine andere Wahl, als die Bahnstrom-Vollversorgung zu buchen (Monopolkommission 2015, S. 43). Kann man bis zu diesem Punkt noch von einem Kostennachteil für alle Anbieter im SPFV-Markt ausgehen, gilt dies nicht mehr in Verbindung mit dem bis zum 30. Juni 2014 geltenden Preissystem der DB Energie GmbH. Es sah Mengenrabatte vor, die aufgrund ihrer Höhe nur von den eigenen Transportunternehmen der Deutschen Bahn AG, also auch von der DB Fernverkehr AG, ausgeschöpft werden konnten. Da die Wettbewerber im Vergleich zum etablierten Unternehmen durch höhere Stückkosten benachteiligt wurden, ist das damalige Preissystem der DB Energie GmbH klar als Marktzutrittsschranke zu bezeichnen. Die Abschaffung aller Rabatte im Jahr 2014 ging nicht zuletzt auf Druck der Europäischen Kommission zurück, die ein Verfahren nach Artikel 102 AEUV[22] eingeleitet hatte. Auch die Monopolkommission hatte in den bis zu diesem Zeitpunkt gewährten Rabatten einen Verstoß gegen das Kartellrecht vermutet (Monopolkommission 2015, S. 43).

21 BGH, Beschluss vom 9. November 2010, EnVR 1/10

22 Vgl. Referenz 19

Heute können Eisenbahnverkehrsunternehmen Bahnstrom zu einheitlichen Konditionen von der DB Energie GmbH beziehen. Durch die mittlerweile regulierte Bahnstrom-Netznutzung ist es den Eisenbahnverkehrsunternehmen zudem möglich, Bahnstrom diskriminierungsfrei von anderen Stromanbietern zu beziehen. Aus heutiger Sicht bestehen deshalb in diesem Teil des SPFV-Marktes keine Marktzutrittsschranken mehr. Die Vergangenheit zeigt jedoch, dass die Deutsche Bahn AG versucht hat, ihre besondere Stellung als vertikal integriertes Unternehmen auszunutzen und die eigenen Transportunternehmen im Vergleich zu Wettbewerbern besser zu stellen.

4.2.4 Zwischenfazit: Exklusiver Zugang zu notwendigen Inputfaktoren ist keine Marktzutrittsschranke

Die Analyse der Zugänge zu notwendigen Inputfaktoren zeigt, dass die DB Fernverkehr AG zumindest in der Vergangenheit wiederholt von ihrem Status als Teil des integrierten Konzerns Deutsche Bahn AG profitiert hat. Das Unternehmen sieht sich unter anderem mit dem Vorwurf konfrontiert, bei der Trassenvergabe über zusätzliche Informationen zu verfügen, die das Schwesterunternehmen DB Netz AG anderen Wettbewerbern nicht zur Verfügung stellt. Diese Informationen könnten von der DB Fernverkehr AG genutzt werden, um sich Vorteile bei der Trassenvergabe zu verschaffen. Grundsätzlich wird bemängelt, dass weder Regulierungsbehörden noch Zugangsberechtigte die Möglichkeit haben, die Vorgehensweise der DB Netz AG zur Vergabe von angemeldeten Trassen nachzuvollziehen. Selbst wenn Verstöße aufgedeckt würden, würde es der Bundesnetzagentur an geeigneten Mitteln fehlen, diese zu sanktionieren (Monopolkommission 2019, S. 83). Ob die genannten Vorwürfe bisher nicht nachgewiesen werden konnten, weil der Planungsprozess der DB Netz AG zu intransparent ist, oder, weil sie nicht existieren, lässt sich damit nicht zweifelsfrei klären.

Unstrittig ist, dass die Deutsche Bahn AG in der Vergangenheit erfolgreich verhindert hat, dass Wettbewerber Fahrkarten in Bahnhofsgebäuden verkaufen konnten. Ebenso eindeutig wurden Wettbewerber beim Bezug von Bahnstrom benachteiligt. Außerdem schafft die Deutsche Bahn AG dadurch, dass sie ihr Tarif- und Vertriebssystem von anderen

Wettbewerbern im Fernverkehr abschottet, für diese zusätzliche Kosten, die, wenn der Markteintritt scheitert, versunken sind (s. Kapitel 4.3.3). Das System wäre aber für Wettbewerber letztlich duplizierbar.

Die Analyse zeigt jedoch auch, dass potenzielle Wettbewerber grundsätzlich Zugang zu allen nötigen Inputfaktoren haben, um auf dem SPFV-Markt aktiv zu werden. Wettbewerber werden bei der Trassenvergabe genauso behandelt wie das etablierte Unternehmen am Markt. Der Zugang zu Verkaufsflächen an Bahnhöfen ist mittlerweile zumindest über Dritte möglich und die diskriminierenden Bahnstromverträge wurden mittlerweile geändert. Den mangelnden Wettbewerb im SPFV-Markt mit fehlendem Zugang zu notwendigen Inputfaktoren zu erklären, erscheint daher wenig plausibel.

4.3 Versunkene Kosten im SPFV-Markt

In Abschnitt 4.1.3 dieser Arbeit wurde erklärt, warum versunkene Kosten beim Einstieg in den Markt wie eine Marktzutrittsschranke wirken können, wenn gleichzeitig große Unsicherheit über die langfristigen Marktbedingungen herrscht. Im Folgenden werden die wesentlichen Treiber für versunkene Kosten beim Markteintritt in den SPFV-Markt dargestellt. Diese sind die Beschaffung von rollendem Material, Größenvorteile, der Aufbau von eigenen Vertriebsstrukturen und der Ausgleich potenzieller Wechselkosten von Neukunden.

4.3.1 Kosten für rollendes Material

Ohne Waggons, Loks, oder Triebzüge[23] zur Verfügung zu haben, ist ein Eintritt in den SPFV-Markt in Deutschland unmöglich. Laut Einschätzung von Mofair e.V. sind alleine für ein annähernd konkurrenzfähiges Angebot auf nur einem Verkehrskorridor „sehr viel mehr als einzelne Züge notwendig“ (Mofair e. V. et al. 2017, S. 92) – das heißt, es müssen direkt mehrere Zugsysteme zur Verfügung stehen. Für Unternehmen,

23 Unter einem Triebzug versteht man eine mit einem eigenen Antrieb versehene, im Regelbetrieb nicht trennbare Einheit aus mehreren Fahrzeugen (FIS 2017)

die den Markteintritt planen, stellt sich die grundsätzliche Frage, ob sie in neues oder gebrauchtes Rollmaterial investieren sollen. Das etablierte Unternehmen am Markt, die DB Fernverkehr AG, setzt bei der Flottenmodernisierung auf neue Fahrzeuge. So hat die Deutsche Bahn AG im Jahr 2011 einen Vertrag mit dem Hersteller Siemens über die Lieferung von 130 ICx abgeschlossen, die seit 2017 sukzessive ausgeliefert werden. Die Kosten für die Bestellung belaufen sich auf 5,3 Mrd. Euro, was ca. 40,5 Mio. Euro pro Einheit entspricht. Dazu hat die DB AG 44 Doppelstockzüge für den Fernverkehr bei dem Unternehmen Bombardier bestellt, die seit 2016 ausgeliefert werden – Kostenpunkt hier 660 Mio. Euro bzw. 15 Mio. Euro pro Stück (Schlesiger 2016). Auch in Zukunft sind weitere Investitionen in neue Fahrzeuge geplant. So wurde zum Beispiel ein Rahmenvertrag über 550 Mio. Euro mit dem Hersteller Talgo zur Lieferung von 100 ECx abgeschlossen, die ab 2023 ausgeliefert werden sollen (Doll 2019). Die Zahlen zeigen, dass Neuinvestitionen in rollendes Material hohe Anlaufkosten verursachen. Der Vorteil neuer Züge liegt, neben höherem Komfort und größerer Schnelligkeit, in ihren deutlich geringeren Betriebskosten im Vergleich zu älteren Modellen. Im Vergleich zu älteren ICE-Generationen soll der neue ICx eine Kostenersparnis von 6 Euro pro Zugkilometer ermöglichen, die Doppelstockzüge ihre Vorgänger sogar um 50 Prozent oder 18 Euro pro Zugkilometer unterbieten (Fockenbrock 2017). Andere Quellen schreiben bezüglich des Doppelstockzuges lediglich von einer Reduzierung um 7 Euro pro Zugkilometer (Schlesiger 2016). Doch selbst, wenn die gesparten Kosten „nur" 7 Euro betragen, ergibt dies eine Gesamtersparnis pro Zug pro Tag von ca. 10 000 Euro.[24] Zum Vergleich: Die täglichen Betriebskosten von Locomore, ein mittlerweile insolventer Wettbewerber der DB Fernverkehr AG, der gebrauchtes rollendes Material nutzte, beliefen sich pro Tag auf 30 000 Euro (Plarre 2017). Hauptgründe für die wesentlich günstigeren Betriebskosten sind ein niedrigerer Energieverbrauch (Deutsche Bahn AG 2015, S. 5), eine höhere Anzahl an beförderten Personen pro Zug (Schlesiger 2016) und eine deutlich geringe Anfälligkeit für technische Defekte (Schlesiger 2019b).[25]

24 12h x 120 km/h x 7 € Ersparnis Zug/km = 10 080 € Ersparnis pro Zug pro Tag

25 Vgl. dazu auch (Evangelinos et al. 2015, S. 71)

Statt auf fabrikneue Züge zu setzen, könnten Einsteiger auch versuchen, gebrauchtes Material zu beschaffen. Allerdings ist günstiges, gebrauchtes Rollmaterial für den Markteintritt nur schwer zu erwerben, da kein aktiver Gebrauchtmarkt existiert (Monopolkommission 2013, S. 109). Die Deutsche Bahn AG scheidet derzeit als Lieferant gebrauchter Züge aus, da sie im Fernverkehr selbst mit Kapazitätsprobleme zu kämpfen hat (Schlesiger 2019b). Fahrzeugsysteme aus dem Ausland können nicht ohne weiteres im deutschen Markt verwendet werden, weil der Eisenbahnverkehr in Europa nur über einen geringen Standardisierungsgrad verfügt. Gründe dafür wurden im zweiten Kapitel dieser Arbeit genannt. Fahrzeuge sind häufig nicht flexibel einsetzbar, sondern an bestimmte Länder oder sogar Strecken gebunden (Monopolkommission 2013, S. 110), (Monopolkommission 2015, S. 69). „In der Regel hat jedes Land ein eigenes Strom- und Leitsystem (teilweise auch mehrere), zum Teil sind Abmessungen unterschiedlich, wie zum Beispiel Spurweite, Lichtraumprofil im Tunnel oder Bahnsteigbreite und -höhe" (Warnecke 2014, S. 14). Lokomotiven müssen, damit sie in mehreren Ländern eingesetzt werden können, mehrsystemfähig ausgestattet sein – d. h. mehrere nationale Strom- und Leitsysteme müssen parallel verbaut sein. Für Triebzüge steigt der Grad der Faktorspezifität, weil hier die komplette Zugeinheit als Ganzes an die jeweilige nationale Infrastruktur angepasst werden muss.[26] Zwar werden mehrsystemfähige Triebzüge, die unterschiedliche Ländersysteme in Einklang bringen und so die Faktorspezifität reduzieren, am Markt angeboten, allerdings sind diese deutlich teurer als nur national einsatzfähige Fahrzeugsysteme. Der vom Unternehmen NTV im Jahr 2008 zum Einsatz für den nationalen italienischen Markt georderte AGV des Herstellers Alstom wurde für ca. 26 Mio. Euro pro Zugeinheit erworben. Im gleichen Jahr bestellte die Deutsche Bahn AG mit dem Velaro D (ICE 3 Typ 407) einen deutlich teureren, mehrsystemfähigen Triebzug (Frankreich, Belgien, Niederlande, Deutschland), der insgesamt 33 Mio. Euro pro Einheit kostete (Warnecke 2014, S. 15). Die einsystemfähige Version des ICE 3, der Typ 403, wurde dagegen für lediglich 18 Mio. Euro geordert (Statista – Das Statistik-Portal 2012). Beson-

26 Die Gründe, weshalb Triebzüge trotzdem zunehmend eingesetzt werden, liegen in einer deutlich höheren Nutzfläche, stärkerer Beschleunigung und Bremskraft sowie einer gleichmäßigeren Gewichtsaufteilung, was den Verschleiß reduziert (FIS 2017)

dere technische Anforderungen ergeben sich zusätzlich auch innerhalb nationaler Systeme – zum Beispiel auf der relativ neu gebauten Strecke Köln-Rhein-Main, die ausschließlich für Fahrzeuge mit einer Wirbelstrombremse (derzeit nur ICE 3) zugelassen ist (Warnecke 2014, S. 15). Zwar wurden die Bemühungen, einen europäischen Eisenbahnmarkt mit einheitlichen Standards zu schaffen, in den letzten Jahren intensiviert (s. Kapitel 2), allerdings sorgen die Langlebigkeit der Infrastruktur und die hohen Kosten für ihre Anpassung dafür, dass die Folgen der Harmonisierung nur langsam sichtbar werden (Warnecke 2014, S. 15).

Insgesamt stellt die Beschaffung von geeignetem Rollmaterial ein großes Problem für den Eintritt in den SPFV-Markt dar. Neue Fahrzeugsysteme erfordern einen hohen Kapitaleinsatz, der im Falle eines Scheiterns des Markteintritts nur schwer durch anderweitigen Einsatz oder Verkauf des Systems zu kompensieren ist (Zimmer et al. 2013, S. 110). Günstiger sind spezifische Zugsysteme. Damit steigt aber das Risiko, diese im Konkursfall aufgrund der fehlenden Kompatibilität gar nicht mehr verkaufen zu können. Hinzu kommt, dass sich laut aktuellem Gutachten der Monopolkommission große Hersteller von Zugsystemen durch die Auftragslage außer Stande sähen, konkrete Lieferzeitpunkte zu nennen. Eine um Jahre verspätete Auslieferung von bestelltem Rollmaterial sei deshalb durchaus üblich. Dieser Umstand wirkt sich im Besonderen auf Markteinsteiger aus, da diese lediglich über kleine Fahrzeugbestände verfügen und eine mögliche Lieferverzögerung deshalb kaum zu kompensieren wäre (Monopolkommission 2019, S. 92–93).

Gebrauchtes Rollmaterial ist zwar günstiger, aufgrund des fehlenden einheitlichen europäischen Marktes aber meist nur schwer zu beschaffen. Zum Beispiel beschreibt der Gründer eines Wettbewerbers der DB Fernverkehr AG, dass es mindestens drei Jahre dauere, bis das Fahrzeug überhaupt zur Verfügung stehe (Penke 2017). Zudem verursacht gebrauchtes Rollmaterial deutlich höhere Betriebskosten, was im Tagesgeschäft gegenüber der DB Fernverkehr AG, die ihre Zugflotte regelmäßig erneuert, zu einem Wettbewerbsnachteil führt.

4.3.2 Steigende Skalenerträge

Unter steigenden Skalenerträgen versteht man eine Situation, in der eine Erhöhung der Inputs um einen Faktor t zu einem mehr als t-fachen Output führt (Varian und Buchegger 2007, S. 392). Ein größerer Produktionsumfang senkt in diesem Fall also die Stückkosten und führt so im Vergleich mit kleineren Wettbewerbern zu geringeren variablen Kosten. Steigende Skalenerträge stellen für sich keine Markteintrittshürde dar (McAffee et al. 2004, S. 464). Sie führen aber dazu, dass bei einem Markteintritt höhere versunkene Kosten in Kauf genommen werden müssen, um eine ähnliche Kostenstruktur wie das etablierte, größere Unternehmen zu erreichen. Die Monopolkommission hält es für möglich, dass die DB Fernverkehr AG über ökonomisch relevante Vorteile durch höhere Skalenerträge verfügt, die ein Marktneuling, der zunächst mit dem Angebot einzelner Linien in den Markt einsteigt, nicht erzielen kann (Monopolkommission 2013, S. 109). Die Vermutung, dass im SPFV Markt steigende Skalenerträge existieren, kann durch folgende Ansatzpunkte gestützt werden.

1. Mengenrabatt bei Neubestellungen: Die Deutsche Bahn AG erwartet durch die konstante Auslastung der Herstellerkapazitäten für den neuen ICx Kostenvorteile bei Preisen pro Sitzplatzkilometer, die deutlich unter denen des Vorgängermodells liegen (Randelhoff 2018). Die Praxis, bei größeren Bestellungen hohe Rabatte zu gewähren, ist bei Herstellern von Verkehrsmitteln mit hohen Fixkosten insgesamt nicht ungewöhnlich.[27] Neben dem Auslastungsargument spielt laut Monopolkommission auch eine Rolle, dass Hersteller bei einer Bestellung der DB Fernverkehr AG weniger Zahlungsausfälle befürchten müssten als bei Markteinsteigern. Bedingt durch das große Netzwerk könne die DB Fernverkehr AG immer garantieren, dass die gelieferten Züge auch eingesetzt würden, selbst wenn Trassenkonflikte vorlägen. Aufgrund des geringeren Ausfallrisikos würden der DB Fernverkehr AG daher günstigere Finanzierungsbedingungen angeboten (Monopolkommission 2019, S. 93). Die Ausfallwahrschein-

27 Vgl. hierzu: „Listenpreise vs. reale Preise: Airbus gibt Einblick in seine Rabattpolitik" (Frommberg 2019)

lichkeit wird zusätzlich dadurch gemindert, dass sich die DB Fernverkehr AG als Teil des DB Konzerns zu einhundert Prozent in staatlicher Hand befindet – ein Eigentümer, der faktisch nicht insolvent werden kann und in der Vergangenheit wiederholt signalisiert hat, für Finanzengpässe bei der Deutschen Bahn AG großzügig aufzukommen.[28]

2. Ersparnis aus zentralisierter Reservehaltung: Mit einem größeren Fahrzeugpool können Reservekapazitäten wie zum Beispiel Ersatzteile für Züge, oder sogar gesamte Zugsysteme effizient eingesetzt werden und sorgen so für niedrigere Durchschnittskosten.
3. Vertrieb: Ein wesentlicher Vorteil digitaler Vertriebskanäle liegt in ihrer Skalierbarkeit. Ob das Angebot aus zwei oder zweitausend Verbindungen besteht, hat nur geringe Auswirkungen auf die Kosten, die durch den Ticketverkauf im Internet oder per App entstehen. Ein Eisenbahnverkehrsunternehmen mit einer großen Verbindungsauswahl kann seine Vertriebskanäle deshalb effizienter auslasten.
4. Angebot von Flexpreisen: Ein von der DB Fernverkehr AG angebotenes Flexticket berechtigt den Inhaber innerhalb eines bestimmten Zeitraums (24 oder 48 Stunden) jede Zugverbindung zwischen Start- und Endpunkt der Reise zu wählen. Ein Vorteil insbesondere für spontane Kundensegmente, wie zum Beispiel Geschäftskunden, die ihre Reisepläne mit diesem Angebot auch kurzfristig anpassen können. Das Angebot zeitlich flexibler Tickets ergibt allerdings nur dann Sinn, wenn eine angemessene Auswahl an Verbindungen besteht, damit der Kunde auch tatsächlich spontan wählen kann. Anbieter einer solchen Dienstleistung müssen also über einen großen Fuhrpark verfügen.
5. Rabattsysteme: Rabattsysteme wie die BahnCard[29] bieten Kunden einen deutlich größeren Nutzen, wenn das Angebot an Verbindungen größer ist, weil sich für die Kunden potenzielle An-

28 Vergleiche dazu auch Kapitel 4.4.2: „Die Rolle des Staates als Eigentümer der DB AG"

29 Die BahnCard ist eine kostenpflichte Rabattkarte der Deutschen Bahn AG. Je nach Variante gewährt sie dem Inhaber prozentuale Rabatte zwischen 25 und 100 Prozent beim Kauf einer Fahrkarte (DB Vertrieb GmbH)

wendungsfälle erhöhen. Da die reguläre BahnCard zusätzlich ein Jahr gültig ist, erfüllt sie in diesem Zeitraum eine ähnliche Funktion wie das in Kapitel 4.3.4 beschriebene Bonusprogramm der Deutschen Bahn AG – sie erhöht die Wechselkosten für Kunden, die in Betracht ziehen, einen alternativen Fernverkehrsanbieter zu wählen. Ende des Jahres 2017 besaßen über 5,3 Mio. Kunden der Deutschen Bahn AG eine BahnCard. Die Variante BahnCard 25 war mit knapp 4 Mio. verkauften Einheiten die Variante, die am stärksten nachgefragt wurde (Deutsche Bahn AG 2017a, S. 18).

6. Anmelde- und Zulassungsverfahren: Die Prozesse bei der erstmaligen Zulassung von Fahrzeugen und der Erteilung von Sicherheitsbescheinigungen sind aufwendig (Monopolkommission 2013, S. 120). Der Aufwand pro Zugsystem sinkt, wenn gleichzeitig mehrere baugleiche Fahrzeuge derselben Serie angemeldet werden, weil sich der Zulassungsprozess dann nicht unterscheidet.
7. Wie in Abschnitt 4.2.1.2 beschrieben ist das Anmeldeverfahren für Zugtrassen relativ umfangreich. Spezialisten für die Zuglaufplanung und die Verhandlungen mit der DB Netz AG anzustellen, kann deshalb sinnvoll sein. Da die Trassen aber nur einmal im Jahr vergeben werden, ergibt die Finanzierung solcher Unternehmensabteilungen nur dann Sinn, wenn das Streckennetz groß genug ist, um genügend Anwendungsfälle für dieses Spezialwissen zu bieten.

Auf Grundlage der aufgezählten Ansatzpunkte ist es plausibel, anzunehmen, dass steigende Skalenerträge im SPFV-Markt eine relevante Rolle spielen. Um auf eine im Vergleich zum etablierten Unternehmen konkurrenzfähige Kostenstruktur zurückgreifen zu können, müssen Marktneulinge die Effekte steigender Skalenerträge ebenfalls nutzen. Wenn aber Unternehmen direkt im größeren Umfang in den Markt einsteigen, sind damit auch höhere Investitionen verbunden, die im Falle eines Scheiterns abgeschrieben werden müssen. Die Höhe der Kosten, die potenziell versunken sind, steigt.

4.3.3 Aufbau von Vertriebsstrukturen

Wie in Abschnitt 4.2.2 ausgeführt, bleibt potenziellen Wettbewerbern der DB Fernverkehr AG beim Markteintritt nur die Möglichkeit, ein eigenes Vertriebssystem aufzubauen. Der Aufbau erfordert den Einsatz von Kapital, insbesondere dann, wenn bereits ein Unternehmen mit etabliertem System am Markt agiert. Der Verkauf von Fahrscheinen der DB Fernverkehr AG wird durch das Schwesterunternehmen DB Vertrieb GmbH übernommen. Das Unternehmen ist für alle Vertriebssysteme und die Vertriebsinfrastruktur im gesamten DB-Konzern zuständig. Dazu gehört auch der Verkauf von Fahrkarten der Nahverkehrssparte DB Regio AG und weiterer Anbieter im Schienenpersonennahverkehr. Laut Homepage betreibt die DB Vertrieb GmbH bundesweit über 378 Reisezentren, 2100 Agenturen und mehr als 5900 Automaten (DB Vertrieb GmbH 2019). Im Jahr 2018 wurden über die Seite „bahn.de" 42 Mio. Onlinetickets verkauft (Bahnblogstelle.net 2019). Laut aktuellem Sondergutachten der Monopolkommission wird die Internetseite „bahn.de" „von den meisten Fahrgästen bislang als *die* umfassende Vertriebsplattform im Schienenpersonenverkehr wahrgenommen und nicht als eine Vertriebs-Internetseite neben anderen". Internetseiten konkurrierender Unternehmen würden entweder nicht wahrgenommen oder ein Wechsel der Seite würde für die Nutzer nicht notwendig erscheinen (Monopolkommission 2019, S. 99–100). Der DB Navigator als führende App des Unternehmens verzeichnete bereits im Jahr 2017 über 950 Mio. Besuche und ist damit eine der erfolgreichsten Reise-Apps in Europa (Deutsche Bahn AG 2018).[30]

Die digitalen Vertriebskanäle und insbesondere der DB Navigator verbuchten in den letzten Jahren die stärksten Zuwächse bezogen auf die verkauften Fahrkarten (Bahnblogstelle.net 2019). Gerade die digitalen Kanäle sind für die DB Fernverkehr AG von besonderer Bedeutung, da hier rund 70 Prozent aller Fahrkarten verkauft werden (Wüpper 2018). Mit ihrer Strategie, immer mehr Nahverkehrsverbünde in den DB Navigator zu integrieren, strebt die DB AG nach eigenen Angaben an, eine Plattform mit einem möglichst umfangreichen Angebot an Nah- und Fernverkehrstickets zu bilden. Zuletzt konnte der Hamburger Verkehrs-

30 Vgl. dazu auch (Wüpper 2018)

verbund (HVV) in die App integriert werden, sodass mittlerweile 50,7 Mio. Fahrgäste bzw. 80 Prozent der potenziellen Fahrgäste, die in Verkehrsverbünden wohnen, erreicht werden (Deutsche Bahn AG 19.06.2018). Für sie steigt der Anreiz, die App zu installieren, so dass die DB AG Kundenkontakte für ihr Verkehrsangebot generiert – auch für den Fernverkehr. Unbestritten ist, dass die Bündelung von Nah- und Fernverkehrsangeboten sowie verschiedener Funktionen wie Fahrplaninformations- und Buchungssystem in einer App Vorteile für die Kunden bietet. Aus Sicht der Wettbewerber der DB AG im Nah- und Fernverkehr birgt sie jedoch auch enorme Geschäftsrisiken. Die DB AG ist das einzige Unternehmen in Deutschland, das eine so umfangreiche Auswahl an Nah- und Fernverkehrsangeboten in einem Vertriebssystem anbieten kann (Mofair e. V. et al. 2017, S. 82). Regionale Apps von Verkehrsunternehmen verlieren an Bedeutung und verschwinden Schritt für Schritt von den Endgeräten, da die zentrale App DB Navigator im Vergleich eine größere Auswahl bietet. Fernverkehrsunternehmen müssen mit erheblichen Kosten rechnen, wenn sie ihre digitalen Vertriebskanäle am Markt positionieren und dem etablierten Unternehmen Marktanteile abnehmen wollen. Sie müssen nicht nur für die anfallenden Wechselkosten aufkommen, sondern die Nutzer auch für die geringere Auswahl an buchbaren Fahrkarten und Fahrplaninformationen im Nah- und Fernverkehr kompensieren.

Für Unternehmen, die den Markteintritt in den SPFV-Markt in Deutschland planen, ist es nahezu unmöglich ohne erheblichen Kostenaufwand eine ähnliche Vertriebsstruktur aufzubauen, wie sie dem etablierten Unternehmen am Markt zur Verfügung steht. Die DB Vertrieb GmbH verfügt über hunderte Reisezentren und tausende Automaten in deutschen Bahnhöfen. Zusätzlich wird der direkte Zugang zu Kunden in den Bahnhöfen erschwert, weil ein Verkauf von Zugfahrkarten häufig nur über Kooperationen mit Bahnhofsläden möglich ist (s. Kapitel 4.2.2.1). Das Aufstellen von Fahrkartenautomaten ist zwar möglich, aber vergleichsweise teuer (Wüpper 2018). Digitale Vertriebswege stellen grundsätzlich eine günstigere Möglichkeit dar, um mit potenziellen Kunden in Kontakt zu treten. Allerdings entwickelt die DB AG mit Hilfe ihrer dominanten Marktposition im Nah- und Fernverkehr eine digitale Plattform, die den Aufbau konkurrierender Angebote unattraktiv macht. Nicht zuletzt besteht das Risiko, bei einem Marktaustritt einen erheblichen Teil der Investitionen abschreiben zu müssen, da für ein Vertriebssystem für Fernverkehrsfahrkarten in Deutschland nur wenige alternative Nutzungsmöglichkeiten existieren.

4.3.4 Wechselkosten

Wenn Markteinsteiger Neukunden auf ihr alternatives Fernverkehrsangebot aufmerksam machen wollen, sind nicht nur ein wettbewerbsfähiges Vertriebssystem und eine gleichwertige Beförderungsleistung notwendig, sondern auch zusätzliche Anreize, um Kunden des etablierten Unternehmens von einem Wechsel zu überzeugen. Indem die DB Fernverkehr AG zusätzliche Wechselkosten aufbaut, versucht sie die eigenen Kunden von einem Wechsel abzuhalten. Unter Wechselkosten versteht man Kosten, die für Konsumenten entstehen, wenn sie beim Kauf eines Produktes oder der Inanspruchnahme einer Dienstleistung einen anderen Anbieter wählen als zuvor. Der Wechsel kann zum Beispiel mit manuellem Aufwand verbunden sein, oder Zeit kosten, weil man sich an die Handhabung eines neuen Produktes gewöhnen muss. Manche Wechselkosten sind bei einem Anbieterwechsel unvermeidbar. Andere wiederum werden von Anbietern gezielt geschaffen, um eine künstliche Hürde für einen Wechsel aufzubauen (Motta 2004, S. 79). Eine solche künstliche Hürde stellt das Bonusprogramm „BahnBonus“ der Deutschen Bahn AG dar, das nach Vorbild der aus der Luftfahrtbranche bekannten Vielfliegerprogramme entwickelt wurde. Kunden können zum Beispiel durch den Kauf von Fahrkarten Bonuspunkte sammeln und diese in Freifahrten, Upgrades oder Sachprämien eintauschen. Wechselten Kunden, nachdem sie eine gewisse Anzahl von Punkten gesammelt haben, zu einem anderen Fernverkehrsanbieter, würden sie unter Umständen nicht die Menge an Punkten erreichen, um beispielsweise eine Freifahrt zu erhalten. Die Aussicht auf eine Freifahrt führt dazu, dass der Kunde sich wieder für die DB Fernverkehr AG entscheidet. In diesem Fall sorgen Wechselkosten dafür, dass die Dienstleistung für den Nutzer unterschiedlich wertvoll ist, obwohl sie ansonsten als vollkommen gleichwertig angesehen würde. Im Jahr 2017 waren über 3,3 Mio. Nutzer im BahnBonus Programm registriert (Deutsche Bahn AG 2017a, S. 18).

Für Vielfahrer und Reisende der 1. Klasse betreibt die DB Fernverkehr AG außerdem sogenannte „DB Lounges" in 15 verschiedenen Bahnhofsgebäuden in Deutschland.[31] Die DB Lounge ist ein Wartebereich, in dem zum Beispiel Arbeitsplätze bereitgestellt oder ein gastronomischer Service angeboten werden. Der Zugang zur DB Lounge stellt für Kunden einen Zusatznutzen dar, der von Wettbewerbern nicht ohne weiteres kopiert werden kann, weil sie nicht über die notwendigen räumlichen Kapazitäten in den Bahnhöfen verfügen (s. Kapitel 4.2.2.1). Bei einem Wechsel des Anbieters müssten die potenziellen Kunden auf diesen Zusatznutzen verzichten.

Um die zuvor genannten Wechselkosten für die Konsumenten auszugleichen und Kunden von einem Wechsel zu überzeugen, müssen potenzielle Wettbewerber im Vergleich zur DB Fernverkehr AG entweder einen anderen Zusatznutzen erbringen, oder geringere Preise für ihre Dienstleistung verlangen. (Motta 2004, S. 80). In jedem Fall stellt das Ausgleichen der Wechselkosten für den Herausforderer zusätzliche Ausgaben dar, die für den Fall, dass der Markteintritt scheitert, versunken sind.

4.3.5 Zwischenfazit: Markteintritt geprägt durch versunkene Kosten

Beim Eintritt in den SPFV-Markt entstehen für den Marktneuling hohe Kosten. Neue Zugsysteme, die im Falle eines Scheiterns leichter weiterverkauft werden könnten, sind teuer. Günstigere Varianten haben den Nachteil, dass ihre alternativen Nutzungsmöglichkeiten stark eingeschränkt sind, oder die Betriebskosten deutlich höher liegen, als bei teureren Modellen. Zusätzlich ist der Markt durch Skaleneffekte geprägt. Um diese nutzen zu können müssten potenzielle Einsteiger also direkt in größeren Mengen Rollmaterial beschaffen. Außerdem müssten Marktneulinge ein eigenständiges Vertriebssystem aufbauen. Der Aufbau von Offline-Vertriebskanälen erfordert finanzielle Investitionen, genauso, wie die an sich kostengünstigeren Online-Vertriebskanäle am Markt zu positionieren. Gerade in Bezug auf die Online-Vertriebskanäle nutzt die Deutsche Bahn AG ihre im Markt einzigartige Stellung, um eine umfas-

31 Vgl. dazu: https://www.bahn.de/bahncomfort/view/service/lounge.shtml

sende Nah- und Fernverkehrsplattform aufzubauen, die es alternativen Angeboten von Wettbewerbern erschwert, auf diesem nachgelagerten Markt Fuß zu fassen. Nicht zuletzt müssen Marktneulinge potenziellen Kunden Anreize in Form von günstigeren Preisen oder höherem Nutzen liefern, um sie für entstehende Wechselkosten zu entschädigen. Alle hier aufgeführten Investitionen eint, dass sich für sie im Falle eines Scheiterns des Markteintritts nur wenige alternative Nutzungsmöglichkeiten bieten. Der Eintritt in den deutschen SPFV-Markt ist deshalb mit hohen versunkenen Kosten verbunden.

4.4 Unsicherheit über langfristige Marktbedingungen

In Abschnitt 4.1.3 dieser Masterarbeit wurde erklärt, warum große Unsicherheit über die langfristigen Marktbedingungen wie eine Marktzutrittsschranke wirken kann, wenn beim Markteintritt gleichzeitig hohe versunkene Kosten zu erwarten sind. Im Folgenden werden die wesentlichen Faktoren beschrieben, die eine Einschätzung der langfristigen Marktbedingungen im SPFV-Markt in Deutschland erschweren und so die Planung langfristiger Markteintrittsstrategien behindern. Diese Faktoren sind die Gefahr eines aggressiven Nach-Eintritt-Verhaltens der DB Fernverkehr AG, die Rolle des Staates bei der Finanzierung der Deutschen Bahn AG sowie die anhaltende langwierige Diskussion in der Öffentlichkeit, den SPFV-Markt in Deutschland neu zu ordnen.

4.4.1 Reaktion der DB Fernverkehr AG auf den Markteintritt von Wettbewerbern

Laut Monopolkommission haben Wettbewerber der DB Fernverkehr AG in der Vergangenheit wiederholt die Befürchtung geäußert, „dass ein Markteintritt im Schienenpersonenfernverkehr durch die Deutsche Bahn AG mit einer Verdrängungsstrategie beantwortet werden könnte“ (Monopolkommission 2013, S. 109). Eine solche Strategie könnte darin bestehen, dass die DB Fernverkehr AG niedrige Preise festsetzt mit dem Ziel, Konkurrenten aus der Branche zu drängen, oder einem potenziellen Markteintritt anderer Unternehmen vorzugreifen. Ein solches Verhalten wird in der englischsprachigen Fachliteratur auch mit dem Begriff „Predatory Pricing“ beschrieben. Verdrängungsstrategien zeichnen sich dadurch aus, dass ein Unternehmen Preise festlegt, die kurzfristig zu einem Gewinnrückgang führen, um den Wettbewerb zu beseitigen und langfristig höhere Gewinne zu erzielen. Erkennungsmerkmale eines solchen Verhaltens ist zum einen ein kurzfristiger Verlust. Zum anderen muss der sog. „Räuber" (Predator) über ausreichende Marktmacht verfügen, um erwarten zu können, seine Gewinne langfristig zu steigern, sobald einer oder mehrere Konkurrenten aus dem Markt gedrängt wurden (Motta 2004, S. 412). Ein Unternehmen, das seine marktbeherrschende Stellung nutzt, um Wettbewerber aus dem Markt zu drängen, handelt illegal (Motta 2004, S. 443). Allerdings ist einem Unternehmen nur sehr schwer nachzuweisen, dass es „zu niedrige" Preise gesetzt hat, insbesondere dann, wenn es Gewinne erzielt (Motta 2004, S. 446–447).

In der ökonomischen Literatur werden verschiedene Argumente für und gegen die Existenz einer solchen Verdrängungsstrategie diskutiert. Gegen die Theorie wird vorgebracht, dass das größere Unternehmen (größerer Marktanteil) verhältnismäßig stärker unter niedrigen Preisen zu leiden hätte. Zudem würden die Vermögenswerte und Anlagen des Marktneulings nach seinem Austritt nicht verschwinden. Wenn die Preise dann wieder steigen würden, könnte das Unternehmen gegebenenfalls erneut eintreten, oder seine Vermögenswerte könnten von einem anderen Einsteiger übernommen werden. Dies hätte die Verringerung der erwarteten Gewinne des „Räubers" zur Folge, wenn er seine Preise langfristig wieder höher setzt. Es wird zudem in Frage gestellt, ob eine Verdrängungsstrategie tatsächlich die für das marktmächtige Unternehmen profitabelste Strategie sei und nicht Alternativen wie zum Beispiel die Zusammenführung der Unternehmen sinnvoller seien (Motta 2004, S. 413–414). Zur Verteidigung der Theorie wird diesen Argumenten entgegengebracht, dass eine regionale oder qualitative Preisdifferenzierung dazu genutzt werden kann, niedrigere Preise nur da zu verlangen, wo das größere Unternehmen im Wettbewerb steht. Ein Wiedereintritt in den Markt, oder der Weiterverkauf von Vermögenswerten wäre nur dann möglich, wenn ein Eintritt in den Markt nicht mit erheblichen versunkenen Kosten verbunden wäre. Zudem würde das Scheitern eines Marktneulings von potenziellen Einsteigern beobachtet und als Signal aufgenommen werden, nicht in den Markt einzutreten. Nicht zuletzt kann eine Verdrängungsstrategie deshalb gewählt werden, weil Alternativen, wie zum Beispiel ein Zusammenschluss der betreffenden Unternehmen, aus Wettbewerbsgründen untersagt würde. Baut sich das größere Unternehmen am Markt zudem den Ruf auf, eintretende Unternehmen generell aufzukaufen, könnte das einen Anreiz für weitere Eintritte liefern. Insgesamt lässt sich deshalb festhalten, dass eine Verdrängungsstrategie für das größere Unternehmen unter bestimmten Umständen (Preisdiskriminierung möglich, versunkene Kosten bei Markteintritt) eine rationale Antwort auf den Eintritt eines Marktneulings sein kann (Motta 2004, S. 415).

Als Unternehmen mit einem Marktanteil von über 99 Prozent verfügt die DB Fernverkehr AG grundsätzlich über das Potenzial, mit Hilfe einer Verdrängungsstrategie andere Wettbewerber zum Marktaustritt zu bewegen. Das Unternehmen hat die Möglichkeit Preise je nach Verbindung, Wochentag und sogar Uhrzeit anzupassen und die Streckenangebote und Preise der potenziellen Wettbewerber wären im SPFV-Markt leicht zu beobachten (Simon 2015). Eine Preissenkung nur auf den Verbindungen, die mit anderen Anbietern im Wettbewerb stehen, ist daher möglich, ohne die Preise auf den übrigen Strecken senken zu müssen. Die Drohung, Wettbewerber mit einer aggressiven Nach-Eintritt-Strategie vom Markt zu drängen, ist auch deshalb glaubwürdig, weil die DB Fernverkehr AG seit Jahren hohe langfristige Investitionen in rollendes Material vornimmt, die im Falle eines Marktaustritts zu einem erheblichen Teil abgeschrieben werden müssten (s. Kapitel 4.3.1) (Deutsche Bahn AG 2015, S. 3–4). Es wäre aus dieser Perspektive für das Management der DB Fernverkehr AG rational, dem Markteinsteiger glaubhaft zu vermitteln, in der Branche keine Gewinne erzielen zu können. Die Investitionen der DB Fernverkehr AG senden deshalb auch ein strategisches Signal an potenzielle Wettbewerber, dass sie bereit ist, ihre Position im Markt zu verteidigen. Nicht zuletzt erwirtschaftet die DB Fernverkehr AG seit Jahren Gewinne im dreistelligen Millionenbereich (s. Kapitel 1). Selbst wenn diese Gewinne aufgrund der Verdrängungsstrategie sinken würden, wäre ein Missbrauch der marktbeherrschenden Stellung trotzdem nur schwer nachzuweisen.

Vor diesem Hintergrund ist die Befürchtung potenzieller Wettbewerber, die DB Fernverkehr AG könnte auf einen Markteintritt mit einer Verdrängungsstrategie antworten, durchaus berechtigt. Die Strategie wäre technisch umsetzbar, ist glaubwürdig und könnte aus wettbewerbsrechtlicher Perspektive nur schwer aufgedeckt werden. Wie sich der Markt in der Folge entwickeln würde, ist nur schwer prognostizierbar. Vermutlich würden die Preise sinken und die Marktneulinge müssten mit erheblich geringeren Umsätzen rechnen. Ein Marktaustritt wäre kurzfristig nicht lukrativ, da beim Markteintritt erhebliche versunkene Kosten angefallen sind. Auch langfristig würde für den Einsteiger das unternehmerische Risiko bestehen, im Wettbewerb mit der DB Fernverkehr AG zu scheitern.

4.4.2 Die Rolle des Staates als Eigentümer der DB AG

Aufgrund historischer Entwicklungen ergibt sich im deutschen SPFV-Markt die Besonderheit, dass sich der Mutterkonzern der DB Fernverkehr AG seit der Liberalisierung des Marktes zu 100 Prozent in staatlichem Besitz befindet (s. Kapitel 2). Es gibt Grund zu der Annahme, dass dieser Umstand zu exklusiven Kostenvorteilen zugunsten der DB Fernverkehr AG führt.

Im September 2016 bestätigte der damalige Bundesverkehrsminister, Alexander Dobrindt, Berichte, wonach der Bund der Deutschen Bahn AG Finanzzuschüsse von insgesamt 2,4 Mrd. Euro zukommen lässt. Dabei wurde eine Mrd. Euro im Jahr 2017 als Zuschuss ausgezahlt. Weitere 1,4 Mrd. Euro erhält die DB AG in den Jahren 2017 bis 2021, indem der Bund als Eigentümer jeweils auf 350 Mio. Euro Dividende verzichtet (Öchsner 2016). Die informelle Zusage wurde später im Bundeshaushaltsgesetz 2017 verankert (Haushaltsgesetz 2017 2016, S. 31–33). Durch die Maßnahme soll die Innenfinanzierungskraft der DB AG gestärkt werden, „um die Verschuldung des Unternehmens zu begrenzen und so die Wachstums- und Qualitätsoffensive der DB in Deutschland dauerhaft abzusichern“ (Deutsche Bahn AG 2017b, S. 8). Zudem hatten Ratingagenturen die Kreditwürdigkeit der Deutschen Bahn AG im Vorfeld der Zusage wegen hoher Schulden und wiederholt schwacher finanzieller Leistungen herabgestuft (Monopolkommission 2017, S. 27). Wettbewerber der DB AG sehen die Beschlüsse kritisch. Mit dem zusätzlichen Kapital wurden die Kapitalkosten der DB AG gesenkt und ihre Finanzkraft gestärkt. Da es für die zugesagten Mittel keine Zweckbindung gäbe, könne nicht sichergestellt werden, welche Konzernsparte von dem zusätzlichen Geld profitiert. Würden die Transportsparten der DB AG, also auch die DB Fernverkehr AG, von dem Geld profitieren, so würde der Bund an dieser Stelle zulasten der anderen Marktteilnehmer in den Wettbewerb im Schienenpersonen- und Güterverkehr eingreifen (Mofair e. V. et al. 2017, S. 28). In ihrem Sondergutachten aus dem Jahr 2017 teilt die Monopolkommission die genannten Bedenken. Nach ihrer Meinung „besteht das Risiko, dass Finanzzuschüsse von 2,4 Mrd. Euro vom Bund an die Deutsche Bahn AG als unerlaubte staatliche Beihilfe im Sinne von Art. 107 Abs. 1 Vertrag über die Arbeitsweise der Europäischen Union (AEUV) zu qualifizieren sind“ (Monopolkommission 2017, S. 27). Die Zuschüsse könnten entweder direkt in Unternehmensteile der Deutschen Bahn AG fließen, die im Wettbewerb mit anderen Eisenbahnunternehmen stehen, oder indirekt für bessere Finanzierungskonditionen dieser Unternehmensteile sorgen, weil sich die Gesamtbilanz des vertikal integrierten Konzerns verbessert.

Aus dem integrierten Geschäfts- und Nachhaltigkeitsbericht der DB AG für das Jahr 2017 geht hervor, dass die Finanzierung des Konzerns im sog. „Konzern-Treasury“ der DB AG gebündelt ist. Hierdurch soll sichergestellt werden, dass „alle Konzerngesellschaften zu optimalen Bedingungen Finanzmittel aufnehmen […] können“. Die Vorteile der Bündelung würden unter anderem in der Minimierung der Refinanzierungskosten liegen. So soll das Treasury wie eine hausinterne Bank operieren, die keine Gewinnerwartungen hat (Deutsche Bahn AG 2016, S. 46). Aus dieser Beschreibung geht eindeutig hervor, dass die DB Fernverkehr AG als Konzerngesellschaft indirekt von einer verbesserten Innenfinanzierung der DB AG profitiert. Außerdem erbringt die „Managementholding DB AG Leistungen für die operativen Gesellschaften, wie zum Beispiel der zentrale Einkauf, der den Beschaffungsprozess von Zügen organisiert und steuert“ (Deutsche Bahn AG 2016, S. 43). Da die DB Fernverkehr regelmäßig neues Rollmaterial beschafft (s. Kapitel 4.3.1), kann man davon ausgehen, dass sie auch direkt von den Finanzzuschüssen profitiert.

Als hundertprozentiger Eigentümer steht es dem Bund grundsätzlich zu, der Deutschen Bahn AG Kapital zuzuführen. Allerdings schlägt die Monopolkommission vor, zu überprüfen, in welchem Ausmaß die im Wettbewerb tätigen Unternehmensteile der Deutschen Bahn AG dadurch wirtschaftliche Vorteile gegenüber ihren Mitbewerbern erlangen, bzw. in der Vergangenheit erlangt haben. Laut Monopolkommission könnte man sich zur Überprüfung am Konzept des marktwirtschaftlich handelnden Kapitalgebers orientieren, das in solchen Fällen unter anderem von der Europäischen Kommission angewendet wird. Im Kern wird in dem Konzept die Frage gestellt, ob ein in der Größe vergleichbarer, rational handelnder, privater Kapitalgeber unter normalen Marktbedingungen zu der fraglichen Investition hätte bewegt werden können. Die Frage ist positiv zu beantworten, wenn der private Kapitalgeber in angemessener Zeit einen normalen Ertrag aus dem Investment erwarten könnte (Monopolkommission 2017, S. 29). Zum Zeitpunkt der Entscheidung für den Zuschuss ergab sich folgendes Bild zum Zustand der Deutschen Bahn AG. Das Unternehmen hatte im Vorjahr (2015) zum ersten Mal seit zwölf Jahren Verluste in Höhe von 1,3 Mrd. Euro ausgewiesen, der Schuldenberg war in den Jahren zuvor gewachsen und näherte sich der vom Bund definierten Obergrenze von 20 Mrd. Euro (Zeit Online 2016). Zusätzlich setzten die Herabstufung der Kreditwürdigkeit, die zusätzlichen Investitionen bedingt durch die Qualitäts- und Wachstumsoffensive und nicht zuletzt der wachsende intensive Wettbewerb vor allem im SGV und vonseiten der Fernbusse, die Erträge in naher Zukunft unter Druck. Insgesamt ergibt sich eine Situation, welche die Erwartung „normaler Erträge" in angemessener Zeit zumindest infrage stellt (Monopolkommission 2017, S. 29).

Letzen Endes kann die Frage, wie sich ein privater Kapitalgeber in der gleichen Situation verhalten hätte, nicht mit Sicherheit beantwortet werden. Die Höhe der Zuschüsse könnte sich im vertretbaren Rahmen befinden. Für diese Einschätzung spricht, dass die gewährten Zuschüsse bisher keine Klage nach sich gezogen haben. Auch kann mit den vorhandenen Informationen nicht bestimmt werden, in welchem Umfang die im Wettbewerb tätigen Unternehmensteile der Deutschen Bahn AG von den möglicherweise unverhältnismäßigen Zuwendungen profitieren. Wenn dies nachweisbar wäre, so müssten die Zuschüsse nach der Definition von Stigler als Marktzutrittsschranke eingestuft werden, da sie zu einer Asymmetrie der Finanzierungskosten zwischen dem etablierten Unternehmen und potenziellen Marktneulingen führen. Zumindest gilt aber: Der Verdacht, dass der Bund durch die selektive Übertragung staatlicher Mittel in den Wettbewerb eingreift und dies jederzeit wieder tun könnte, scheint begründet. Bei ihren Überlegungen, in den SPFV-Markt einzutreten, werden sich potenzielle Wettbewerber die Frage stellen, welche weiteren Zuwendungen der DB-Konzern zukünftig von seinem staatlichen Eigentümer erwarten darf.[32] Schwerer als die direkten Vorteile solcher Zuwendungen könnte daher das Signal wirken, dass der Staat der DB AG bei einer finanziellen Schieflage immer wieder unter die Arme greifen wird. Potenzielle Wettbewerber der DB Fernverkehr AG müssen deshalb in Betracht ziehen, dauerhaft durch schlechtere Finanzierungsbedingungen benachteiligt zu werden. Für potenzielle Markteinsteiger sinkt der Anreiz, sich durch langfristige Investitionen an den Markt zu binden, da Unsicherheit darüber besteht, ob der größte Wettbewerber im Markt über einen exklusiven Zugang zu günstigeren Finanzierungskonditionen verfügt.

4.4.3 Forderungen nach einer Neuordnung des SPFV

Im Dezember 2016 haben die Bundesländer Brandenburg, Bremen, Saarland, Thüringen und Rheinland-Pfalz einen Gesetzesantrag zur Neuordnung des SPFV gestellt (Bundesrat 2016). Daraufhin beschloss der Bundesrat am 10. Februar 2017, einen Gesetzesentwurf für ein Schienenpersonenfernverkehrsgesetz (SPFV-Gesetz) im Deutschen Bundestag einzubringen. Der Gesetzesentwurf sieht vor, den Bund zu verpflichten, mindestens ein Grundangebot im Schienenpersonenfernverkehr zu garantieren. Dafür soll ein Schienenpersonenfernverkehrsplan (SPFV-Plan) entwickelt werden (Bundesrat 2017, §2). Hintergrund dieser Forderung ist der nach Art. 87e Abs. 4 GG bestehende Gewährleistungsauftrag, der dem Bund die Pflicht auferlegt, sowohl beim Ausbau und dem Erhalt des Schienennetzes der Eisenbahnen des Bundes, als auch bei den Verkehrsangeboten auf diesem Schienennetz, dem Wohl und insbesondere den Verkehrsbedürfnissen der Allgemeinheit Rechnung zu tragen, sofern diese nicht den SPNV betreffen. Der Bundesrat argumentiert in seinem Gesetzesentwurf, dass der Bund dieser Aufgabe bislang nicht ausreichend nachgekommen sei und fordert deshalb ein SPFV-Gesetz, um die Aufgaben des Bundes im SPFV eindeutig festzulegen. Die Länder vertreten die Meinung, dass das Angebot im SPFV ohne verstärkte Tätigkeit des Bundes weiter abnehmen wird und befürchten, dass sie als Aufgabenträ-

32 Vgl. Aktuelle Diskussion über weitere Zuwendungen (Focus.de 2019)

ger des Schienenpersonennahverkehrs dazu gezwungen sind, im Sinne ihrer Bürger zusätzliche Leistungen im SPNV mit Fernverkehrscharakter anzubieten (Monopolkommission 2017, S. 52). Bereits in Kapitel 3.1 wurde darauf hingewiesen, dass aktuell durch den Schienenpersonennahverkehr Dienstleistungen erbracht werden, die aufgrund der höheren mittleren Reiseweite eigentlich dem Schienenpersonenfernverkehr zuzuordnen wären. Erste Forderungen seitens des Bundesrates nach einer grundsätzlichen Änderung des SPFV-Konzeptes reichen bis in das Jahr 2008 zurück (Monopolkommission 2017, S. 51).

Im Gesetzesentwurf wird vorgeschlagen, als Vorlage für die Konstruktion des SPFV-Plans dem Prinzip eines integralen Taktfahrplans (ITF) zu folgen (Monopolkommission 2017, S. 52). Das Konzept wird in der Öffentlichkeit auch unter dem Namen „Deutschland-Takt" diskutiert. Taktfahrpläne zeichnen sich dadurch aus, dass sich die auf einer bestimmten Strecke verkehrenden Züge nach einem regelmäßigen zeitlichen Rhythmus auf den Tag verteilen. Das Prinzip des ITF kombiniert die Taktfahrpläne auf den einzelnen Strecken innerhalb eines Netzes so, dass die Züge aus entgegenkommenden Richtungen gleichzeitig in die Bahnhöfe einfahren und nach einem kurzen Halt gleichzeitig wieder ihre Fahrt aufnehmen. Das hat für Fahrgäste den Vorteil, eine Vielzahl von Anschlussverbindungen ohne lange Umsteigezeiten wählen zu können. Im besten Fall fahren nicht nur die Züge unterschiedlicher Linien, sondern sogar auch die entgegenkommenden Züge der gleichen Linien gleichzeitig in den Bahnhof ein. Man spricht dann von einem sogenannten „symmetrischen Fahrplan", weil sich die entgegenkommenden Züge einer Linie immer zur gleichen Zeit in den Bahnhöfen der vordefinierten Strecke begegnen. Um einen symmetrischen Fahrplan umzusetzen, müssen die Verbindungszeiten zwischen jeweils zwei Halten auf einer Strecke möglichst gleich lang sein (Monopolkommission 2017, S. 53). Gegebenenfalls muss für die Funktionsfähigkeit eines ITF also die Schieneninfrastruktur angepasst, oder sogar komplett neu gebaut werden.

Im Hinblick auf das deutsche Schienennetz wird darauf hingewiesen, dass die bestehende Infrastruktur derzeit nicht auf einen umfassenden integralen Taktfahrplan eingestellt ist und dieser nur langfristig und mit Hilfe einer Vielzahl von Umbaumaßnahmen hinsichtlich der Schienen, aber auch innerhalb der Bahnhöfe, umsetzbar wäre (Monopolkommission 2017, S. 57). Zudem würde die Einführung eines ITF für den Schienenpersonenfernverkehr mindestens mit der Vorgabe von Strecken und Fahrplänen einhergehen. Gerade im Fernverkehr sieht das Recht auf freien Netzzugang aber die Anmeldung von frei gewählten Strecken durch die Eisenbahnverkehrsunternehmen bei den Eisenbahninfrastrukturunternehmen vor. Mit der Einführung eines ITF würde das auf Angebotsfreiheit basierende Geschäftsmodell im Schienenfernverkehr in Frage gestellt und durch ein System ersetzt, in dem deutlich weniger Parameter durch den Wettbewerb kontrolliert werden. So könnten beispielsweise bei einer umfänglichen Ausgestaltung des ITF auch Zuglänge, Sitzplatzzahl, der Antrieb oder das Gewicht und die Geschwindigkeit des Zuges zentral festgelegt werden (Monopolkommission 2017, S. 61). Nach Ansicht der Monopolkommission würden die Konsequenzen eines ITF auf die Wettbewerbssituation im gesamten Schienenverkehr letztendlich stark von der Ausgestaltung des integralen Taktfahrplans abhängen. Es wäre zu erwarten, dass die Anzahl wettbewerblicher Gestaltungsparameter durch die Einführung eines ITF reduziert würde. Dies könnte die Wettbewerbssituation im Fernverkehr sowohl verbessern als auch noch weiter verschlechtern. Die Autoren des Sondergutachtens geben zu bedenken, dass es zielführendere Alternativen zu einem ITF gibt, wenn man das Vorhaben, mehr Wettbewerb im SPFV zu erreichen, umsetzen will – zum Beispiel, indem man Modifizierungen am derzeitigen Open Access-Modell vornimmt (Monopolkommission 2017, S. 61).

Die langwierige, öffentlich geführte Diskussion um die zukünftige ordnungspolitische Ausrichtung des SPFV-Marktes in Deutschland führt zu Unsicherheit über die langfristigen Angebotsbedingungen im Markt. Aufgrund der hohen Anlaufinvestitionen, um in den Markt einzusteigen, brauchen die potenziellen Wettbewerber der DB Fernverkehr AG aber gerade langfristige Planungssicherheit. Müssen potenzielle Einsteiger mit einer Vielzahl von Baumaßnahmen hinsichtlich der Schieneninfrastruktur rechnen? Werden SPFV-Verbindungen zukünftig ausgeschrieben? Welches Wagenmaterial wäre dafür notwendig? Wird der Vertrieb von Fernverkehrsfahrkarten zukünftig zentral organisiert? Wie bereits erwähnt, ist aus Sicht der Monopolkommission eine Abkehr vom Open Access-Modell nicht zwangsläufig mit weniger Wettbewerb auf dem Markt verbunden. Solange aber vollkommen unklar ist, wie diese Abkehr aussehen könnte, stellt die Änderung zum Status quo einen Unsicherheitsfaktor dar, der sich gemeinsam mit den beim Markteintritt anfallenden, irreversiblen Kosten wie eine Markteintrittshürde auswirkt. Die Bereitschaft, hunderte Millionen Euro in neues Rollmaterial zu investieren, nimmt ab, wenn unklar ist, unter welchen Bedingungen die neuen Züge zukünftig eingesetzt werden könnten.

4.4.4 Zwischenfazit: Hohe Unsicherheit über langfristige Marktbedingungen

Es gibt drei wesentliche Faktoren, die es potenziellen Einsteigern erschweren, langfristige Eintrittsstrategien für den deutschen SPFV-Markt zu planen. Marktneulinge müssen damit rechnen, dass die DB Fernverkehr AG auf einen Eintritt mit einer Verdrängungsstrategie antwortet. Eine solche Strategie wäre für das etablierte Unternehmen sowohl technisch als auch aus rechtlicher Perspektive umsetzbar und aufgrund der hohen langfristigen Investitionen in den Markt rational. Wahrscheinlich würden die Umsätze des Marktneulings stark sinken und die DB Fernverkehr AG hätte Anreize, ihre Strategie bis zum Marktaustritt des Neulings fortzusetzen, um ein Signal für zukünftige Herausforderer zu senden. Zusätzliche Unsicherheit entsteht für potenzielle Einsteiger, weil unklar ist, nach welchen Kriterien der Bund als einhundertprozentiger Eigentümer der Deutschen Bahn AG über Zuschüsse entscheidet, die seinem Unternehmen zukünftig zukommen sollen. Die Vergangenheit zeigt, dass der Bund bereit ist, Zuschüsse in Milliardenhöhe zu übernehmen. Finanzierungsvorteile, die die DB Fernverkehr AG hierdurch exklusiv erhält, könnten von ihr insbesondere genutzt werden, um in neuwertiges Wagenmaterial zu investieren, was langfristig im Vergleich zu Wettbewerbern zu niedrigeren Durchschnittskosten führt. Außerdem entsteht durch die Diskussion über eine ordnungspolitische Neuordnung des SPFV-Marktes zusätzlich Unsicherheit über die zukünftigen Angebotsbedingungen. Für potenzielle Einsteiger ist derzeit nicht absehbar, ob beispielsweise Strecken, Preise oder Wagenmaterial zukünftig noch frei wählbar sind, oder, ob diese Parameter zukünftig zentral vorgegeben werden. Aufgrund der genannten Faktoren fällt eine zuverlässige Prognose darüber, wie sich ein möglicher, langfristiger Einstieg in den Markt auswirken könnte, schwer. Investoren könnten deshalb Investitionen in Märkte bevorzugen, die größere Planungssicherheit bieten und gleichzeitig geringe Investitionssummen voraussetzen.

5. Diskussion

Die vorangegangene Analyse potenzieller Marktzutrittsschranken im deutschen Schienenpersonenfernverkehr liefert die Grundlage, um über Maßnahmen zur Förderung des Wettbewerbs zu diskutieren.

Das Ergebnis aus Kapitel 4.2. legen nahe, dass potenzielle Wettbewerber der DB Fernverkehr AG in ausreichendem Maße Zugang zu allen nötigen Inputfaktoren haben, um auf dem SPFV-Markt in Deutschland tätig zu werden. Trotzdem wurden Herausforderer in der Vergangenheit klar benachteiligt – Zugang zu Verkaufsflächen in Bahnhöfen, Bahnstrom – und möglicherweise profitiert die DB Fernverkehr AG auch heute noch von ihrer Zugehörigkeit zum vertikal integrierten DB-Konzern. Die aktuellen Vorwürfe seitens der Wettbewerber – Informationsvorteile bzgl. der Trassenbelegung – konnten bisher allerdings nicht bewiesen werden. Insgesamt ist es wenig plausibel, die Monopolstellung des etablierten Unternehmens ausschließlich mit früheren oder nicht bewiesenen Wettbewerbsvorteilen zu erklären. Die DB AG hat jedoch durch ihr Verhalten in der Vergangenheit gezeigt, dass sie ihre Marktmacht als integrierter Konzern missbräuchlich einsetzt. Um zukünftig jeglichen Anreiz zu unterbinden, die DB Fernverkehr AG zu bevorzugen, sollte die Eisenbahnverkehrsunternehmen des DB-Konzerns, so wie von der Monopolkommission bereits mehrfach gefordert, von den Eisenbahninfrastrukturunternehmen getrennt werden.

Ebenfalls in Kapitel 4.2 thematisiert wurde das nicht kooperative Verhalten der DB Fernverkehr AG bei der Bereitstellung von wettbewerbsübergreifenden Tarif- und Vertriebsangeboten im Schienenpersonenfernverkehr. Zwar erhöht die DB Fernverkehr AG durch dieses Verhalten die Markteintrittskosten für potenzielle Herausforderer. Das Tarif- und Vertriebssystem der Deutschen Bahn AG als wesentliche Einrichtung anzusehen, so wie in dem Sondergutachten der Monopolkommission aus dem Jahr 2017 angedeutet (s. Kapitel 4.2.2), ist aus meiner Sicht fragwürdig. Möglicherweise wäre ein solches System mit ausreichendem Kapitaleinsatz tatsächlich replizierbar. Die Autoren des aktuellen Sondergutachtens der Monopolkommission vertreten zumindest in Bezug auf den Online-Vertrieb der DB Gruppe die Meinung, dass „unter Einsatz wirtschaftlich zumutbarer Mittel alternative Angebote" geschaffen werden könnten. Der Online-Vertrieb sei deshalb zumindest derzeit nicht als wesentliche Einrichtung für andere Eisenbahnverkehrsunternehmen anzusehen (Monopolkommission 2019, S. 103). Um diese Argumentation zu stützen, wird als Beispiel die Vertriebsplattform von Flixtrain genannt, die von Synergieeffekten und einer Vertaktung mit dem bereits bestehenden Angebot von Flixbus im Fernbusmarkt profitieren dürfte. Auch aufgrund voranschreitender technischer Möglichkeiten gehen die Autoren des Sondergutachtens deshalb in der Zukunft von einem Wettbewerb zwischen verschiedenen Vertriebsplattformen aus (Monopolkommission 2019, S. 102).

Bezogen auf die dominante Stellung des Tarifsystems der DB Fernverkehr AG empfiehlt die Monopolkommission eine verstärkte Prüfung, ob die Mitwirkungspflicht zur Aufstellung durchgehender Tarife von den im deutschen SPFV-Markt tätigen Eisenbahnverkehrsunternehmen erfüllt wird (s. Kapitel 4.2.2). Hier dürfte insbesondere das Verhalten der DB Fernverkehr AG im Fokus stehen, da sich die Autoren von einem gemeinsamen Tarif einen Beitrag erwarten, um die Marktverzerrung durch das marktbeherrschende Eisenbahnverkehrsunternehmen auszugleichen (Monopolkommission 2019, S. 113).

In Abschnitt 4.3 wurden Faktoren analysiert, die zu hohen versunkenen Kosten beim Einstieg in den SPFV-Markt führen. Es gibt eine ganze Reihe von Anhaltspunkten, die nahelegen, dass der Markt durch steigende Skalenerträge charakterisiert ist. Um diese Größenvorteile zu nutzen, müssen Marktneulinge von Anfang an in größerem Maßstab in den Markt einsteigen. Dadurch wird der eintrittsverhindernde Effekt von Investitionen verstärkt, die viel Kapital binden und im Falle eines kurzfristigen Scheiterns im Markt verloren sind. Dazu zählen vor allem die Investitionen in rollendes Material und der Aufbau von Vertriebsstrukturen, die im Vergleich zum etablierten System der DB Fernverkehr AG konkurrenzfähig sind. Auch die Entschädigung potenzieller Kunden für die Kosten, die bei einem Wechsel vom etablierten Unternehmen zum Marktneuling anfallen, müssen von den Wettbewerbern getragen werden.

Versunkene Kosten stellen für sich allein keine Marktzutrittsschranke dar, da langfristig gesehen jeder Kostenfaktor (jede Investition) variabel ist und angepasst werden kann. Anders in der kurzen Frist, da sich potenzielle Einsteiger mit den getätigten Investitionen auf den Markt festlegen, weil sie diesen kurzfristig nicht ohne Verluste verlassen können. Bei der Entscheidung in den SPFV-Markt einzutreten, spielen daher die langfristigen Erwartungen hinsichtlich der zukünftigen Angebots- und Marktstruktur eine zentrale Rolle. Potenzielle Marktneulinge werden sich nur dann engagieren, wenn sie ein stabiles Marktumfeld erwarten. Kapitel 4.4 nennt drei Faktoren, die dazu führen, dass sich die langfristigen Bedingungen im SPFV-Markt besonders schwer prognostizieren lassen. Markteinsteiger müssen damit rechnen, dass die DB Fernverkehr AG auf den Eintritt mit einer Verdrängungsstrategie reagiert. Bisherige Marktbedingungen würden sich dadurch ändern. Intensiver Wettbewerb mit niedrigen Preisen etwa, auch über einen längeren Zeitraum, wäre eine wahrscheinliche Folge. Während man die Reaktion eines etablierten Unternehmens auf den Markteintritt eines Konkurrenten noch als durch Wettbewerb entstehende, natürliche Unsicherheit bezeichnen kann, erzeugen die beiden weiteren Faktoren, die in Kapitel 4.4 diskutiert werden, zusätzliche, künstliche Unsicherheit.

Zum einen entsteht für potenzielle Herausforderer Unsicherheit darüber, wie der Staat als einhundertprozentiger Eigentümer die Deutsche Bahn AG zukünftig mit finanziellen Mitteln ausstattet. In der Vergangenheit wurden bereits Zuschüsse in Milliardenhöhe bewilligt, deren Vergabe aus unternehmerischer Sicht zumindest fragwürdig ist. Die Marktneulinge müssen bei ihrer Eintrittsentscheidung berücksichtigen, dass sie auf einem kapitalintensiven Markt mit einem Wettbewerber konkurrieren, der mutmaßlich dauerhaft Zugang zu günstigeren Finanzierungsmöglichkeiten hat.

Zum anderen sorgt die Diskussion über eine ordnungspolitische Neuordnung des SPFV-Marktes für Ungewissheit über zukünftige Angebotsbedingungen. In der Debatte fordern die Bundesländer den Bund zu einem aktiven Eingriff in den SPFV-Markt auf. Bisher frei wählbare Wettbewerbsparameter sollen vorgegeben werden. Diskutiert wird unter anderem auch ein Vergabeverfahren von Strecken oder Korridoren, wodurch sich eine Konstellation ähnlich wie im Schienennahverkehr ergeben würde, in dem kein Wettbewerb im Markt, sondern ein Wettbewerb um den Markt herrscht. Wie sich die im Raum stehenden Vorschläge zu Änderungen am Marktdesign auf den Wettbewerb im Schienenpersonenfernverkehr auswirken würden, ist unklar. Um die Folgen abschätzen zu können, sind weitergehende Untersuchungen notwendig. So könnten langfristige Rahmenverträge einerseits die Bereitschaft von Marktneulingen erhöhen, sich im Markt zu engagieren. Gerade die Gewissheit, Trassenkapazitäten über einen längeren Zeitraum als nur eine Fahrplanperiode hinweg zur Verfügung zu haben, würde die Planungssicherheit der Zugangsberechtigten stark erhöhen (Monopolkommission 2019, S. 84). Andererseits führt eine solche Vergabepraxis dazu, dass während der Laufzeit kein Wettbewerb im Markt stattfindet. Solange Ungewissheit darüber herrscht, wie die zukünftigen Angebotsbedingungen konkret aussehen, sinkt die Bereitschaft von potenziellen Marktneulingen, sich langfristig im Markt zu engagieren.

5.1 Wie könnten Marktzutrittsschranken im SPFV-Markt beseitigt werden?

Aus der im vorangegangenen Unterkapitel erfolgten Bewertung der Analyse dieser Arbeit folgt, dass die Kombination aus hohen, versunkenen Kosten bei Markteintritt und der großen Unsicherheit über die langfristige Marktentwicklung den mangelnden Wettbewerb im Schienenpersonenfernverkehr in Deutschland erklärt. Maßnahmen, um den Wettbewerb im SPFV-Markt zu fördern, sollten deshalb an diesen Stellen ansetzen.

5.1.1 Versunkene Kosten bei Markteintritt reduzieren

Ein wesentlicher Grund für das Entstehen versunkener Kosten beim Eintritt in den SPFV-Markt ist die Anschaffung rollenden Materials. Die Monopolkommission schreibt dazu in ihrem aktuellen Sondergutachten: „Die Ermöglichung eines diskriminierungsfreien und effektiven Zugangs zu Rollmaterial, bzw. die Schaffung eines ‚level playing fields' bei den Finanzierungsmöglichkeiten, stellt im SPFV eine essenzielle Voraussetzung für die Etablierung von Wettbewerb dar" (Monopolkommission 2019, S. 93). Um die mit der Anschaffung von Rollmaterial verbundenen Kosten zu senken, wäre die Zusammenarbeit mit Leasinggesellschaften für Zugsysteme denkbar, ähnlich den Unternehmen, die Leasingangebote für den Flugzeugmarkt anbieten. Potenzielle Einsteiger oder auch die DB Fernverkehr AG müssten neue Züge nicht mehr selbst kaufen, sondern könnten das Rollmaterial leihen und so die Anschaffungskosten sparen. Markteintritte und Expansionspläne der Neuanbieter wie Flixtrain und nicht zuletzt die durch Umweltaspekte initiierte politische Förderung des Schienenverkehrsmarktes ließen auf eine günstige Entwicklung zukünftiger Marktwachstumspotenziale im Leasing-Markt schließen (Monopolkommission 2019, S. 94). Dennoch wird an anderer Stelle festgehalten, dass die gegenwärtigen Leasingangebote für Rollmaterial im Schienenpersonenfernverkehr, insbesondere die Verfügbarkeit von Reisewagen, stark eingeschränkt seien (Monopolkommission 2019, S. 93). Eine mögliche Begründung hierfür könnte das in Kapitel 4.3.1 näher beschriebene Fehlen technischer, betrieblicher und organisatorischer Standards auf europäischer, geschweige denn auf globaler Ebene sein. Die Nachfrage allein aus dem deutschen Markt könnte schlicht zu gering sein, damit sich das Geschäftsmodell einer Leasinggesellschaft im Schienenpersonenfernverkehr lohnt.

Die im Schienenpersonennahverkehr häufig genutzte Lösung, den benötigten Fahrzeugpool über eine staatliche Leasinggesellschaft bereitzustellen, halten die Autoren des aktuellen Sondergutachtens für weniger effizient, als das Erbringen der Dienstleistung privatwirtschaftlich agierenden Unternehmen zu überlassen (Monopolkommission 2019, S. 94). Gegen die Gründung eines solchen Unternehmens spricht, dass damit womöglich ein neuer, staatlicher Monopolist auf dem vorgelagerten Leasing-Markt geschaffen wird, der dort den freien Wettbewerb behindert.

Um diese Lösung abschließend zu bewerten, muss genauer untersucht werden, warum private Leasinggesellschaften die benötigten Leistungen unter den bisherigen Bedingungen nicht anbieten. Möglicherweise ließe sich mit den gewonnenen Erkenntnissen ein staatlich gelenkter Eingriff in den Markt rechtfertigen. Sollten tatsächlich Interoperabilitätsprobleme ursächlich sein, könnte auch in Erwägung gezogen werden, eine europäische, staatsübergreifende Leasinggesellschaft zu gründen. So könnte zusätzlich das Ziel einheitlicher europäischer Standards vorangetrieben werden.

Neben den Anschaffungskosten für rollendes Material wurde der Aufbau eines eigenen Vertriebssystems als weitere Komponente identifiziert, die die versunkenen Kosten in die Höhe treiben kann. Im vorhergehenden Unterkapitel wurde begründet, warum der Online-Vertrieb der DB Gruppe zumindest derzeit keine wesentliche Einrichtung für konkurrierende SPFV-Unternehmen darstellt. Aus diesem Grund dürfte die DB Gruppe zwar nicht dazu verpflichtet sein, Wettbewerbsbahnen den Verkauf über ihre Online-Vertriebsdienste zu gestatten, aus § 12a Abs. 2 AEG lässt sich jedoch die Pflicht ableiten, das Angebot konkurrierender Unternehmen diskriminierungsfrei darzustellen. Dies gilt insbesondere für die beiden reichweitenstärksten Kanäle, die App „DB-Navigator“ und die Internetseite „bahn.de“ (Monopolkommission 2019, S. 103). Der Gesetzgeber sollte an dieser Stelle genau beobachten, ob die DB Gruppe als dominierender Anbieter im Markt diesen Verpflichtungen nachkommt. Nur so kann sichergestellt werden, dass in den wichtigsten Vertriebskanälen alle relevanten Anbieter von Schienenfernverkehrsverbindungen gelistet sind und Nutzer ihre Kaufentscheidung auf Basis aller tatsächlich zur Verfügung stehenden Reisemöglichkeiten treffen. Markteinsteiger können auf diese Weise ohne zusätzlichen Kostenaufwand auf ihr Angebot aufmerksam machen und so zumindest teilweise von der Reichweitenstärke der Vertriebskanäle der DB Gruppe profitieren.

Ob sich der von der Monopolkommission prognostizierte Wettbewerb zwischen verschiedenen Vertriebsplattformen in den nächsten Jahren einstellen wird, bleibt abzuwarten. Bleibt die Situation unverändert und würde außerdem die von der Monopolkommission vorgeschlagene verstärkte Prüfung der Mitwirkungspflicht zum Aufstellen durchgehender Tarife zu keinen neuen Kooperationen führen, wäre denkbar, die Pflichten, die sich aus § 12 Abs. 1 AEG ergeben (s. Kapitel 4.2.2), für alle Schienenfernverkehrsanbieter in Deutschland zu erweitern: Alle betroffenen Unternehmen könnten nicht nur dazu verpflichtet werden, durchgehende Tarife anzubieten, also Umsteigeverbindungen von Wettbewerber zu Wettbewerber, sondern auch, Fahrkarten der Konkurrenz zu einheitlichen Konditionen zu verkaufen. Dies würde zusätzlich zu den durchgehenden Tarifen bedeuten, dass die Anbieter ihre Vertriebsplattformen gegenseitig öffnen müssten. Der Verkauf fremder Fahrkarten sollte dabei mit einer angemessenen Provision vergütet werden. Herausforderer der DB Fernverkehr AG hätten so die Möglichkeit, direkt beim Markteinstieg das gesamte bundesweite Tarif- und Vertriebssystem des etablierten Unternehmens zu nutzen. Die Einsteiger könnten sich kurzfristig darauf konzentrieren, sich am Markt zu etablieren und hätten mittelfristig den Anreiz eigene Vertriebssysteme aufzubauen, um Provisionskosten zu sparen. Die Kooperationsbedingungen müssten von einer regulierenden Stelle überwacht werden, vergleichbar mit der Situation bei der Mitwirkungspflicht, aufgrund derer durchgehende Tarife angeboten werden müssen. Mittel- bis langfristig würde auch die DB Fernverkehr AG von der neuen Regelung profitieren, da sie genauso Anspruch hat, die Vertriebssysteme ihrer Wettbewerber zu nutzen. Aus Sicht der Kunden wäre es unerheblich, welches Vertriebssystem sie für den Kauf wählen, da in allen Systemen alle Wettbewerber angezeigt würden und buchbar wären.

5.1.2 Unsicherheit über langfristige Marktbedingungen reduzieren

Neben Maßnahmen zur Reduzierung der bei Markteintritt entstehenden versunkenen Kosten, sind verschiedene Ansätze denkbar, um die Unsicherheit über langfristige Marktbedingungen im SPFV-Markt zu vermindern.

Würde man die DB Fernverkehr AG privatisieren und damit aus dem DB-Konzern herauslösen, wären zukünftige Zuschüsse von Seiten des Staates für die DB AG unproblematisch. Weder müsste dann geprüft werden, ob die Höhe der Zuwendungen in der jeweiligen Situation angemessen ist, noch müsste untersucht werden, welchen positiven Effekt die Zuwendungen im Einzelnen für die im Wettbewerb stehende Tochtergesellschaft des DB-Konzerns hat. Für die DB Fernverkehr AG würde dies bedeuten, dass sie sich genauso wie ihre Wettbewerber Geld am Kapitalmarkt leihen müsste. Potenzielle Herausforderer könnten sicher sein, mit einem Unternehmen zu konkurrieren, das bei der Finanzierung von langfristigen Investitionen mit gleichen Konditionen zu rechnen hat. Die zu Beginn des fünften Kapitels erwähnte Forderung der Monopolkommission, die Eisenbahnverkehrsunternehmen der DB AG vom Konzern zu trennen, wird also durch ein weiteres Argument gestützt.

Nicht nur die Rolle des Staates bei der Finanzierung der DB AG führt zu Unsicherheit, sondern auch die andauernde Diskussion über die Neuordnung des deutschen SPFV-Marktes. Da die Organisation des Schienenfernverkehrs viele Bürger direkt betrifft, steht außer Frage, dass eine öffentliche Debatte darüber geführt werden muss. Der Gesetzgeber sollte sich jedoch bewusst darüber sein, dass sein Handeln bzw. Nicht-Handeln in Bezug auf zukünftige Wettbewerbsbedingungen bereits die heutige Wettbewerbssituation auf dem Markt beeinflusst. Aktuell sind wenig Bestrebungen zu erkennen, den Entscheidungsprozess zu beschleunigen. Um Stabilität zu schaffen und einen Markteintritt attraktiv zu machen, sollten jedoch zügig konkrete und vor allem langfristige Rahmenbedingungen festgelegt werden.

5.2 Ausblick

Abzuwarten bleibt, ob die weitere Öffnung des Schienenpersonenfernverkehrs in Europa, die für den 14. Dezember 2020 geplant ist, Auswirkungen auf die Wettbewerbssituation im deutschen SPFV-Markt haben wird (s. Kapitel 2.1). Die Anschaffung von teuren, mehrsystemfähigen Zugsystemen könnte sich für Marktneulinge lohnen, wenn durch die Marktöffnung in anderen europäischen Ländern alternative Nutzungsmöglichkeiten für das rollende Material entstehen. Bei einem kurzfristigen Marktaustritt könnten die Zugsysteme leichter weiterverkauft werden.

In Bezug auf den deutschen Markt wird entscheidend sein, wie schnell es dem Gesetzgeber gelingt, die unter dem Begriff „Deutschland-Takt" gesammelten Vorschläge und Ideen zu einem integralen Taktfahrplan in einen konkreten Wettbewerbsrahmen zu überführen. Die Monopolkommission weist zurecht auf den Umstand hin, dass zwar die technische Konzeptionierung des Deutschland-Taktes vorangetrieben würde, im Hinblick auf rechtliche und regulatorische Aspekte bisher aber keine konkrete Planung erfolgt sei (Monopolkommission 2019, S. 85). Je nach Ausgestaltung könnte am Ende einer solchen Planung sogar eine komplette Abkehr vom bisherigen „Open-Access“-Marktmodell im Schienenpersonenfernverkehr stehen.

Ist davon auszugehen, dass sich, trotz der vorhandenen Markteintrittshürden, kurzfristig Wettbewerber im deutschen SPFV-Markt etablieren? Mit Flixtrain verkehrt seit März 2018 ein neuer Herausforderer im deutschen Schienenpersonenfernverkehrsnetz, der im Vergleich zu früheren Marktneulingen über einzigartige Wettbewerbsvorteile verfügt. Flixtrain ist genauso wie Flixbus eine Marke der Flixmobility GmbH. Seit seiner Gründung ist das Unternehmen zum führenden Anbieter im europäischen Fernbusverkehr aufgestiegen. Durch seine dominante Stellung im Fernbusmarkt verfügt Flixmobility über ein Vertriebssystem, das im gesamten europäischen Raum bekannt ist und mit Fernverkehrsdienstleistungen assoziiert wird. Beim Markteintritt in den SPFV-Markt konnte Flixmobility den bekannten Markenkern „Flix-“ nutzen, auf einem bestehenden Kundenstamm aufbauen, der sich für Fernreisen in Deutschland interessiert, und den Verkauf der Fahrscheine über die bereits bestehende Vertriebsplattform abwickeln. Flixmobility sah sich demnach deutlich niedrigeren Markteintrittskosten gegenüber als andere potenzielle Anbieter. Zusätzlich wären die getätigten Investitionen selbst bei einem kurzfristigen Marktaustritt nicht versunken, da die aufgebauten Kundenbeziehungen zum Verkauf von Fahrkarten im Fernbusmarkt genutzt werden könnten. Die Möglichkeit, Kombinationen aus Fernbus- und Schienenfernverkehrsdienstleistungen anzubieten, stellt einen Angebotsvorteil gegenüber dem etablierten Unternehmen dar. Die Ausrichtung des Unternehmens auf den europäischen Markt könnte sich im Schienenfernverkehr bezahlt machen, wenn im Jahr 2020, wie bereits zu Beginn des Kapitels erwähnt, der nächste Schritt im Liberalisierungsprozess der Schienenfernverkehre in Europa eingeleitet wird. Trotz der guten Ausgangslage steht Flixmobility jedoch vor der großen Herausforderung, zeitnah genügend Rollmaterial zu finanzieren, um sich so dauerhaft am Markt zu behaupten.

Literaturverzeichnis

AEG: Allgemeines Eisenbahngesetz. Ausfertigungsdatum: 27.12.1993. Zuletzt geändert durch Art. 2 G v. 29.11.2018. Bundesministerium der Justiz und für Verbraucherschutz.

Bahnblogstelle.net (2019): Deutsche Bahn: 75 Prozent mehr Handy-Tickets über DB Navigator gebucht. Online verfügbar unter https://bahnblogstelle.net/2019/02/02/deutsche-bahn-75-prozent-mehr-handy-tickets-ueber-db-navigator-gebucht/, zuletzt aktualisiert am 02.02.2019, zuletzt geprüft am 12.04.2019.

Bain, Joe Staten (1968): Industrial organization. 2. ed. New York [u.a.]: Wiley.

BMVI (2017): Gleitende Mittelfristprognose für den Güter- und Personenverkehr. Mittelfristprognose Winter 2016/2017. Hg. v. Bundesministerium für Verkehr und digitale Infrastruktur. Köln. Online verfügbar unter https://www.bmvi.de/SharedDocs/DE/Anlage/VerkehrUndMobilitaet/mittelfristprognose-winter-2016-2017.pdf?__blob=publicationFile, zuletzt aktualisiert am 15.02.2017, zuletzt geprüft am 04.01.2019.

BNetzA (2017): Marktuntersuchung Eisenbahnen 2017. Unter Mitarbeit von Referat 702 – Ökonomische Grundsätze der Eisenbahnregulierung, Marktbeobachtung, Statistik. Hg. v. Bundesnetzagentur für Elektrizität, Gas, Telekommunikation, Post und Eisenbahnen. Bonn.

Böckers, Veit; Haucap, Justus; Heimeshoff, Ulrich; Thorwarth, Susanne (2015): Auswirkungen der Fernbusliberalisierung auf den Schienenpersonenfernverkehr. In: *List Forum für Wirtschafts-und Finanzpolitik* 1 (41), S. 75–90.

Bundesamt für Güterverkehr (2018): Marktbeobachtung Güterverkehr. Marktanalyse des Fernbuslinienverkehrs 2017. Köln. Online verfügbar unter https://www.bag.bund.de/SharedDocs/Downloads/DE/Marktbeobachtung/Sonderberichte/SB_Fernbus_2017.html?nn=13134, zuletzt geprüft am 22.04.2019.

Bundeskartellamt (2016): Fallbericht: Bundeskartellamt erklärt von der Deutschen Bahn AG angebotene Verpflichtungszusagen im Zusammenhang mit dem Vertrieb von Fahrkarten für den Schienenpersonenverkehr nach § 32b GWB für verbindlich. Aktenzeichen B9-136/13. Bonn, 24. Mai 2016. Online verfügbar unter https://www.bundeskartellamt.de/SharedDocs/Entscheidung/DE/Fallberichte/Missbrauchsaufsicht/2016/B9-136-13.pdf?__blob=publicationFile&v=4, zuletzt geprüft am 22.04.2019.

Bundesrat (2016): Entwurf eines Gesetzes zur Gestaltung des Schienenpersonenfernverkehrs. (Schienenpersonenfernverkehrsgesetz – SPFVG). Drucksache 745/16. 8. Dezember 2016. Online verfügbar unter https://www.bundesrat.de/SharedDocs/drucksachen/2016/0701-0800/745-16.pdf?__blob=publicationFile&v=5, zuletzt geprüft am 23.04.2019.

Bundesrat (2017): Entwurf eines Gesetzes zur Gestaltung des Schienenpersonenfernverkehrs. (Schienenpersonenfernverkehrsgesetz – SPFVG). Drucksache 745/16 (Beschluss). 10. Februar 2017. Online verfügbar unter https://landesvertretung.rlp.de/fileadmin/landesvertretung/BR-Dokumente/745-16_B_.pdf, zuletzt geprüft am 23.04.2019.

DB Fernverkehr AG (2005): DB Fernverkehr AG Geschäftsbericht 2004. Frankfurt a.M. Online verfügbar unter https://ir.deutschebahn.com/fileadmin/Deutsch/2004/Berichte/2004_gb_dbfernverkehr_de.pdf, zuletzt geprüft am 22.04.2019.

DB Fernverkehr AG (2018): DB Fernverkehr AG Geschäftsbericht 2017. Frankfurt a.M. Online verfügbar unter https://www1.deutschebahn.com/resource/blob/1642020/0a0bac7e62efdacb9ff2b2b06b3ba611/2017_gb_dbfernverkehr_de-data.pdf, zuletzt geprüft am 22.04.2019.

DB Netz AG (2017a): Anlage 2.4.2 zu den Schienennetz-Benutzungsbedingungen der DB Netz AG 2018. Planungsprocedere; Aufgaben und Abläufe im Planungsprocedere für den Netzfahrplan. Gültig ab 10.12.2017.

DB Netz AG (2017b): Anlage 6.1 zu den Schienennetz-Benutzungsbedingungen der DB Netz AG 2018. Beschreibung der Herleitung der Marktsegmentierung, der Herleitung der Kosten, die unmittelbar aufgrund des Zugbetriebes anfallen und der Herleitung der Vollkostenaufschläge. Gültig ab 10.12.2017.

DB Netz AG (2017c): Schienennetz-Benutzungsbedingungen der DB Netz AG 2018 (SNB 2018). Gültig ab 10.12.2017.

DB Station & Service AG (2017): Infrastrukturnutzungsbedingungen Personenbahnhöfe. Gültig ab 01.01.2018.

DB Vertrieb GmbH: BahnCard & BahnBonus. Online verfügbar unter https://www.bahn.de/p/view/bahncard/index.shtml, zuletzt geprüft am 02.05.2019.

DB Vertrieb GmbH (2019): DB Vertrieb: Über uns. Online verfügbar unter https://www.db-vertrieb.com/db_vertrieb/view/wir/firmen profil.shtml, zuletzt geprüft am 12.04.2019.

Demsetz, Harold (1982): Barriers to entry. In: *The American economic review* 72 (1), S. 47–57.

DESTATIS (2019): Unternehmen, Beförderte Personen, Personenkilometer (Personenverkehr mit Bussen und Bahnen): Deutschland, Quartale, Verkehrsart (Code 46100-0005). Online verfügbar unter https://www-genesis.destatis.de/genesis/online, zuletzt geprüft am 19.04.2019.

Deutsche Bahn AG (2015): Mehr Bahn für Metropolen und Regionen. Die größte Kundenoffensive in der Geschichte des DB Fernverkehrs. Berlin. Online verfügbar unter https://www.deutschebahn.com/resource/blob/260082/7df5b4e611d0e7ac8cec71ce6e99919f/praesentation_neues_fernverkehrskonzept-data.pdf, zuletzt geprüft am 08.04.2019.

Deutsche Bahn AG (2016): Integrierter Bericht 2017. Auf eine neue Zeit! Berlin. Online verfügbar unter https://www1.deutschebahn.com/resource/blob/1639254/72253ca2bf5e6a932761a076e4d31e0b/ib2017_dbkonzern_de-data.pdf, zuletzt geprüft am 17.04.2019.

Deutsche Bahn AG (2017a): Deutsche Bahn: Daten & Fakten 2017. Berlin. Online verfügbar unter https://www.deutschebahn.com/resource/blob/1774446/455c0e001500b567cc0010d53e52cccf/Daten---Fakten-2017-data.pdf, zuletzt geprüft am 22.04.2019.

Deutsche Bahn AG (2017b): Die Finanzierung der Eisenbahn des Bundes. Positionspapier Januar 2017. Berlin. Online verfügbar unter http://docplayer.org/47056961-Die-finanzierung-der-eisen bahn-des-bundes.html, zuletzt geprüft am 17.04.2019.

Deutsche Bahn AG (2018): Das war das DB Navigator Jahr 2017 – DB Inside Bahn. Online verfügbar unter https://inside.bahn.de/jahresrueckblick-dbnavigator-2017/, zuletzt geprüft am 12.04.2019.

Deutsche Bahn AG (19.06.2018): DB Navigator: Eine App, 21 Verbünde, Millionen Nutzer. Berlin. Kornmann, Jürgen. Online verfügbar unter https://www.deutschebahn.com/de/presse/pressestart_zentrales_uebersicht/DB-Navigator-Eine-App-21-Verbuende-Millionen-Nutzer-3091938, zuletzt geprüft am 12.04.2019.

Deutsches Zentrum für Luft- und Raumfahrt e.V. (2017): Luftverkehrsbericht 2016. Daten und Kommentierungen des weltweiten Luftverkehrs. Köln.

Doll, Nicolaus (2019): Halb ICE, halb IC – die Bahn bekommt neuen Fernzug. Welt.de, 13. März 2019. Online verfügbar unter https://www.welt.de/wirtschaft/article190230565/Deutsche-Bahn-Spanischer-Hersteller-Talgo-liefert-23-ECx-Fernzuege.html, zuletzt geprüft am 08.04.2019.

Eisenkopf, Alexander; Hahn, Carsten; Schnöbel, Christian (2008): Marktabgrenzung und Wettbewerb im Personenverkehr – zur Bedeutung des intermodalen Wettbewerbs aus der Perspektive des Schienenpersonenverkehrs. In: *Zeitschrift für Verkehrswissenschaft* 79 (1).

ERegG: Eisenbahnregulierungsgesetz. Ausfertigungsdatum: 29.08.2016. Bundesministerium der Justiz und für Verbraucherschutz.

Evangelinos, Christos; Mittag, Michael; Obermeyer, Andy (2015): Die ökonomischen Risiken einer zu naiven Marktliberalisierung – der Fall des deutschen Fernbusmarktes. In: *Zeitschrift für Verkehrswissenschaft* 86 (1), S. 65–90.

FIS (2010): Der Markt des Schienenpersonenfernverkehrs in der Bundesrepublik Deutschland und der Europäischen Union. Forschungsinformationssystem – Mobilität und Verkehr. Online verfügbar unter https://www.forschungsinformationssystem.de/servlet/is/308231/?print, zuletzt aktualisiert am 15.04.2010, zuletzt geprüft am 19.10.2018.

FIS (2017): Fahrzeugrevolution im Schienenpersonenverkehr: Vom Triebkopf- zum Triebwagenzugkonzept. Forschungsinformationssystem – Mobilität und Verkehr. Online verfügbar unter https://www.forschungsinformationssystem.de/servlet/is/342753/, zuletzt aktualisiert am 13.03.2017, zuletzt geprüft am 09.04.2019.

Fockenbrock, Dieter (2017): Deutsche Bahn im Bilanzcheck. Ein Konzern am Tropf des Staates. Handelsblatt.com, 1. Juni 2017. Online verfügbar unter https://www.handelsblatt.com/unternehmen/handel-konsumgueter/deutsche-bahn-im-bilanzcheck-ein-konzern-am-tropf-des-staates/19874358.html, zuletzt geprüft am 08.04.2019.

Focus.de (2019): 22.000 neue Stellen, mehr ICEs: Das ist der große Bahn-Plan für Deutschland. 17.01.2019. Online verfügbar unter https://www.focus.de/finanzen/news/unternehmen/raus-aus-der-krise-mehr-personal-mehr-zuege-so-will-die-bahn-zuverlaessiger-werden_id_10198512.html, zuletzt geprüft am 27.04.2019.

Frommberg, Laura (2019): Airbus gibt Einblick in seine Rabattpolitik. Listenpreise vs. reale Preise. aerotelegraph.com, 15. Februar 2019. Online verfügbar unter https://www.aerotelegraph.com/airbus-gibt-einblick-in-seine-rabattpolitik, zuletzt geprüft am 14.04.2019.

Gantenbrink, Eva (2016): Kooperationen im grenzüberschreitenden europäischen Schienenpersonenfernverkehr. Europäisches Kartellrecht und wettbewerbsökonomische Anwendung. 1. Auflage. Baden-Baden: Nomos (Beiträge und Studien des Instituts für Verkehrswissenschaft der Universität Münster, Band 10). Online verfügbar unter http://gbv.eblib.com/patron/FullRecord.aspx?p=4561786.

Harbord, David; Hoehn, Tom (1994): Barriers to entry and exit in European competition policy. In: *International Review of Law and Economics* 14 (4), S. 411–435. DOI: 10.1016/0144-8188(94)90024-8.

Haushaltsgesetz 2017 (2016): Gesetz über die Feststellung des Bundeshaushaltsplans für das Haushaltsjahr 2017. Einzelplan 12. Vom 20. Dezember 2016. Bundestag. Online verfügbar unter https://www.bundeshaushalt.de/fileadmin/de.bundeshaushalt/content_de/dokumente/2017/soll/Gesamt_Haushalt_2017_mit_HG.pdf, zuletzt geprüft am 17.04.2019.

Knieps, Günter (2008): Wettbewerbsökonomie. Regulierungstheorie, Industrieökonomie, Wettbewerbspolitik. Dritte, durchgesehene und aktualisierte Auflage. Berlin, Heidelberg: Springer-Verlag Berlin Heidelberg. Online verfügbar unter http://dx.doi.org/10.1007/978-3-540-78349-7.

McAffee, Randolph Preston; Mialon, Hugo M.; Williams, Michael A. (2004): When are sunk costs barriers to entry? Entry barriers in economic and antitrust analysis. In: *American Economic Review* 94 (2), S. 461–465.

Mofair e. V.; Netzwerk Europäischer Eisenbahnen (NEE) e. V.; VPI e.V. (2017): Zugkraft für den Verkehrssektor. Wettbewerber Report 2017/18. Langfassung. Berlin. Online verfügbar unter https://mofair.de/wp-content/uploads/2017/10/Wettbewerber-Report_Eisen bahn_2017_18_Langfassung.pdf, zuletzt geprüft am 22.04.2019.

Monopolkommission (2007): Wettbewerbs- und Regulierungsversuche im Eisenbahnverkehr. Sondergutachten der Monopolkommission gemäß § 36 AEG. Unter Mitarbeit von Jürgen Basedow, Jörn Aldag, Justus Haucap, Peter-Michael Preusker und Katharina M. Trebitsch.

Monopolkommission (2009): Bahn 2009: Wettbewerb erfordert Weichenstellung. Sondergutachten gemäß § 36 AEG. Unter Mitarbeit von Justus Haucap, Peter-Michael Preusker, Christiane zu Salm, Angelika Westerwelle und Daniel Zimmer. Bonn.

Monopolkommission (2011): Bahn 2011: Wettbewerbspolitik unter Zugzwang. Sondergutachten 60. Unter Mitarbeit von Justus Haucap, Christiane Kofler, Thomas Nöcker, Angelika Westerwelle und Daniel Zimmer. Bonn.

Monopolkommission (2013): Bahn 2013: Reform zügig umsetzen! Sondergutachten 64. Unter Mitarbeit von Daniel Zimmer, Justus Haucap, Dagmar Kollmann, Thomas Nöcker und Angelika Westerwelle. Bonn.

Monopolkommission (2015): Bahn 2015: Wettbewerbspolitik aus der Spur? Sondergutachten 69. Unter Mitarbeit von Daniel Zimmer, Dagmar Kollmann, Thomas Nöcker, Achim Wambach und Angelika Westerwelle. Bonn.

Monopolkommission (2017): Bahn 2017: Wettbewerbspolitische Baustellen. Sondergutachten 76. Unter Mitarbeit von Achim Wambach, Dagmar Kollmann, Jürgen Kühling, Thomas Nöcker und Angelika Westerwelle. Bonn.

Monopolkommission (2019): Bahn 2019: Mehr Qualität und Wettbewerb auf die Schiene. 7. Sektorgutachten Bahn. Unter Mitarbeit von Achim Wambach, Dagmar Kollmann, Jürgen Kühling, Thomas Nöcker und Angelika Westerwelle. Bonn.

Motta, Massimo (2004): Competition policy. Theory and practice: Cambridge University Press. Online verfügbar unter https://books.google.de/books?hl=de&lr=&id=J3xZnDSlfC8C&oi=fnd&pg=PR13&dq=motta+competition+policy&ots=rFiLLJSA2r&sig=JKdf-xGfO2kGhz4uQg9Oi3-kH6E.

Öchsner, Thomas (2016): Deutsche Bahn bekommt 2,4 Milliarden Euro zusätzlich. Süddeutsche Zeitung Online, 21. September 2016. Online verfügbar unter https://www.sueddeutsche.de/wirtschaft/schienenverkehr-deutsche-bahn-bekommt-milliarden-euro-zusaetzlich-1.3170357, zuletzt geprüft am 22.04.2019.

Penke, Michel (2017): Locomore-Gründer Ladewig: „Züge müssen fahren". NGIN Mobility.com, 21. September 2017. Online verfügbar unter https://ngin-mobility.com/artikel/locomore-interview-derek-ladewig/, zuletzt geprüft am 09.04.2019.

Plarre, Plutonia (2017): Alternativer Schienenverkehr. Schwabenexpress sucht Gäste. taz.de, 6. April 2017. Berlin. Online verfügbar unter http://www.taz.de/!5395873/, zuletzt geprüft am 08.04.2019.

Randelhoff, Martin (2018): Der ICE 4 (vormals ICx) – Das neue Rückgrat des DB Fernverkehrs. Zukunft-Mobilität.net, 21. März 2018. Online verfügbar unter https://www.zukunft-mobilitaet.net/3924/zukunft/icx-db-fernverkehr-nachfolger-ice-ic/, zuletzt geprüft am 14.04.2019.

RegG: Gesetz zur Regionalisierung des öffentlichen Personennahverkehrs. Ausfertigungsdatum: 27.12.1993. Zuletzt geändert durch Art. 19 Abs. 23 G v. 23.12.2016. Bundesministerium der Justiz und für Verbraucherschutz.

Schlesiger, Christian (2016): Neuer IC der Deutschen Bahn. Wackel-Dackel auf der Schiene. Wiwo.de, 24. August 2016. Online verfügbar unter https://www.wiwo.de/unternehmen/industrie/neuer-ic-der-deutschen-bahn-wackel-dackel-auf-der-schiene/14442944.html, zuletzt geprüft am 08.04.2019.

Schlesiger, Christian (2017): Wie die Locomore-Pleite der Deutschen Bahn schaden könnte. Wiwo.de, 12. Mai 2017. Online verfügbar unter https://www.wiwo.de/unternehmen/dienstleister/locomore-pleite-wie-die-locomore-pleite-der-deutschen-bahn-schaden-koennte-/19795298.html, zuletzt geprüft am 08.04.2019.

Schlesiger, Christian (2019a): Diskriminiert die Deutsche Bahn den Wettbewerb? Wiwo.de, 04. Februar 2019. Online verfügbar unter https://www.wiwo.de/unternehmen/dienstleister/streit-um-db-logo-diskriminiert-die-deutsche-bahn-den-wettbewerb/23945690.html, zuletzt geprüft am 13.04.2019.

Schlesiger, Christian (2019b): Mit diesen Zügen will die Bahn das Chaos in den Griff kriegen. Wiwo.de, 20. Januar 2019. Online verfügbar unter https://www.wiwo.de/unternehmen/dienstleister/ice-und-intercity-flotte-mit-diesen-zuegen-will-die-bahn-das-chaos-in-den-griff-kriegen/23884416.html, zuletzt geprüft am 08.04.2019.

Simon, Hermann (2015): Die Bahn braucht differenzierte Preise. Absatzwirtschaft.de, 28. Dezember 2015. Online verfügbar unter http://www.absatzwirtschaft.de/die-bahn-braucht-differenzierte-preise-70481/, zuletzt geprüft am 15.04.2019.

Statista – Das Statistik-Portal (2012): Kosten der ICE-Züge der Deutsche Bahn AG nach ICE-Generation (Stand: 2012; in Millionen Euro). 2012. Online verfügbar unter https://de.statista.com/statistik/daten/studie/256324/umfrage/kosten-der-ice-zuege-der-db-ag/, zuletzt geprüft am 03.05.2019.

Stigler, George J. (1968): Barriers to entry, economies of scale, and firm size. In: *GJ Stigler, The Organization of Industry, Irwin, Homewood, Ill* 67, S. 67–70.

Stock, Wilfried; Bernecker, Tobias (2014): Verkehrsökonomie. Eine volkswirtschaftlich-empirische Einführung in die Verkehrswissenschaft. 2., vollständig überarbeitete Auflage 2014. Wiesbaden: Springer Gabler. Online verfügbar unter http://dx.doi.org/10.1007/978-3-658-02308-9.

Varian, Hal R.; Buchegger, Reiner (2007): Grundzüge der Mikroökonomik. Studienausgabe. 7., überarb. und verb. Aufl. München: Oldenburg. Online verfügbar unter http://deposit.d-nb.de/cgi-bin/dokserv?id=2923082&prov=M&dok_var=1&dok_ext=htm.

Wacket, Markus (2017): Bahn sprintet von Berlin nach München. 16. Juni 2017. dw.com. Online verfügbar unter https://www.dw.com/de/bahn-sprintet-von-berlin-nach-m%C3%BCnchen/a-39278181, zuletzt geprüft am 01.05.2019.

Warnecke, Christiane (2014): Rahmenverträge für Fahrwegkapazität: zwischen Investitionsanreizen und Markteintrittsbarrieren. Justus-Liebig-Universität Gießen. Online verfügbar unter http://geb.uni-giessen.de/geb/volltexte/2014/10593/, zuletzt aktualisiert am 05.02.2014, zuletzt geprüft am 18.02.2019.

Wüpper, Thomas (2018): Bahn will Fernticket-Verkauf an Automaten weiter reduzieren. 24. Dezember 2018. Tagesspiegel. Online verfügbar unter https://www.tagesspiegel.de/wirtschaft/konzern-setzt-ganz-auf-digitale-fahrkarten-bahn-will-fernticket-verkauf-an-automaten-weiter-reduzieren/23795940.html, zuletzt geprüft am 12.04.2019.

Zauner, Martin (2006): Die Regulierung des deutschen Schienenverkehrsmarktes. Eine wettbewerbsökonomische Analyse: Lohmar [u.a.]: Eul.

Zeit Online (2016): Deutsche Bahn macht 1,3 Milliarden Euro Verlust. 16. März 2016. Online verfügbar unter https://www.zeit.de/wirtschaft/unternehmen/2016-03/deutsche-bahn-macht-1-3-milliarden-euro-verlust, zuletzt geprüft am 17.04.2019.

Zeitfracht Medien GmbH
Ferdinand-Jühlke-Straße 7
99095 Erfurt, Deutschland
produktsicherheit@kolibri360.de